管理就是抓绩效重考核

（视频学习版）

企业绩效考核设计与落地全案

狄振鹏◎著

中国经济出版社
CHINA ECONOMIC PUBLISHING HOUSE
·北京·

图书在版编目（CIP）数据

管理就是抓绩效重考核：企业绩效考核设计与落地全案：视频学习版／狄振鹏著．
—北京：中国经济出版社，2018.8

ISBN 978-7-5136-5225-4

Ⅰ.①管… Ⅱ.①狄… Ⅲ.①企业绩效—企业管理—研究 Ⅳ.①F272.5

中国版本图书馆 CIP 数据核字（2018）第 117165 号

责任编辑　李丰　高晓晔

责任印制　巢新强

封面设计　任燕飞设计室

出版发行　中国经济出版社

印 刷 者　北京富泰印刷有限责任公司

经 销 者　各地新华书店

开　　本　710mm×1000mm　1/16

印　　张　19.5

字　　数　242 千字

版　　次　2018 年 8 月第 1 版

印　　次　2018 年 8 月第 1 次

定　　价　58.00 元

广告经营许可证　京西工商广字第 8179 号

中国经济出版社 **网址** www.economyph.com **社址** 北京市西城区百万庄北街 3 号 **邮编** 100037

本版图书如存在印装质量问题，请与本社发行中心联系调换（联系电话：010-68330607）

前 言

快乐绩效的神奇魔力

绩效考核是全球企业界公认的最大管理难题。据调查，全球超过 90%的企业和跨国公司公开承认，绩效考核没有达到预期的激励效果。绩效考核中的难题始终如影随形：主观评判，缺少公正和客观，常常沦为人际关系的评估；形式主义；指标太多；不透明不公开；员工抵触，主管反感，老板困惑。“早搞早死，晚搞晚死，不搞不死，一搞就死”，成为绩效考核在企业界推广的真实写照。

为什么明明有一套较好的量化标准和考核体系，管理者和员工还是提不起劲儿，业绩也无法提升？其实，这些困惑的背后，有一个关键元素被我们忽略了。

这个关键元素就是快乐！快乐来自内在的动力和兴趣。考核体系再完美，考核标准再严谨，如果不能让员工产生内在驱动，员工不肯配合和认同，绩效考核势必是徒劳无功的。

于是，游戏化、有趣化的“快乐绩效”考核模式应运而生！活力盟专家团（刘廷扬教授、许俊博士、周代进导师、张友源导师）多年在为企业辅导绩效管理实践中，发现了“GSC（Game Score Card）游戏计分法”的神奇魔力。这是一种快乐考核法，能够激发员工活力、增强执行力和工作热情，进而提升团队业绩，营造多劳多得、力争上游、优胜劣汰的良性竞争环境。

GSC 绩效考核系统将员工的阶段业绩目标达成用关键绩效 KPI 衡量，完成月度目标绩效法考核；将员工的日常工作表现用基础绩效 CPI 衡量，每时每刻即时评价打分，记录了员工行为轨迹，映射出员工品德和态度。每次给员工计分，就像网络游戏打怪提升经验值一样，员工工作越努力、表现越突出、贡献越大，其经验值就越高。依据月度和年度计分排名，企业给予骨干员工（排名靠前）更多的公开表彰和物质奖励，如奖金、奖品、休假和海外旅游等，这些都是有益的创新尝试和探索。

企业导入一套全新的绩效考核系统，在不同阶段有很多繁琐的程序和动作。本书手把手教给读者如何导入绩效考核系统，为企业设定科学的步骤、执行的关键和实施的要点，同时逐步完善和改进绩效管理制度体系，让企业做到结果有标准，过程有规范，管人有制度，利益有相关，观察有计分，事实有依据。在力求系统性、专业性、全面性讲解的基础上，为了让读者有更好的阅读体验，轻松理解绩效管理相关知识，本书提供了 33 个视频学习专题。读者可直接在视频目录页查看对应视频，也可在阅读过程中扫描书中二维码观看作者对重点及难点内容的现场解读，真正做到“看得懂，学得会，用得上”，学习更落地高效。

感谢湛江银海酒店、广东新伟信实业、裕兴隆食品、紫禁尚品、湛江海滨宾馆、嘉瑞禾酒店、精美广告、广西财经学院、重庆机场安检部、深圳博美德等企业的领导，能够大胆尝试推行 GSC 绩效考核系统，并取得了良好的效果。感谢上海交大深圳研究院王新德副院长的长期鼎力支持，才能够让活力盟绩效模式取得小小的成绩。其实，各行各业的中小企业都可以申请导入使用活力盟 GSC 绩效系统（可以申请免费注册体验 3 个月，详情见 http：//www. huolimeng. com. cn），先从 50 人左右的试点部门推行，直至逐步扩展，全面导入。只要领导重视，全员执行，你就会发现，在调动员工工作兴趣和积极性方面，快乐绩效模式的确拥有神奇的魔力！

欢迎读者就绩效管理的相关问题与我交流讨论（E - mail：739201501@qq. com）。愿大家共同进步，一起成长，为破解绩效难题携手并进!

快乐绩效倡导者 狄振鹏

于上海交大深圳研究院·深圳虚拟大学园

目 录

第 1 章 知内涵：不懂绩效考核，你怎么做管理

管理学大师德鲁克说："管理不在于知，而在于行。不在于逻辑，而在于验证。管理的唯一权威就是结果。"所以，管理就是要结果。而绩效管理就是把工作要求明确化、精细化，以此来确保员工的工作结果。

第 2 章　定标准：事前有目标，事后有考核

绩效考核必须有明确的目标，执行起来才能有依据。企业如果没有目标，绩效管理体系就无从建立。员工没有目标，工作结果的核定也就无从谈起。目标的意义在于，将纪律摆在前面，确保人人都能认可，并服从根据目标所制定的考核标准。一切按照标准来工作，企业战略才能够实施，员工的业绩才有保障。

第 3 章　建团队：考核有团队，万事有准备

绩效考核需要一个精干的团队来负责具体建设和改善工作。这就首先要求团队的领导者和成员对本单位各部门的工作业务非常熟悉，了解彼此的能力，分清各成员的定位和职责，制定团队工作的进度、时间表，评估工作风险，确保绩效考核的有效实施。

第 4 章　选策略：让考核变成一项游戏竞赛

出于人的天性，如果在一件事中加入趣味性的元素，那么无论干什么，我们都有兴趣。因此，让绩效考核变成一项游戏竞赛，让工作像打怪、PK 一样有趣，绩效考核就会更好、更快地得以推行。

第 5 章　走流程：如何执行绩效考核流程

对于绩效考核来说，抓执行尤为重要。游戏计分卡的绩效考核方法确定了，就看做没做，怎么做。企业不仅能兼顾到关键性的绩效成果，又能兼顾到行为过程，同时还能抓住重点并覆盖到全面。那么，游戏计分卡考核流程有哪些？又该怎样去执行呢？

第 6 章　做区分：与薪酬无关怎么计分

企业实行百分制的绩效考核方式，很少有人能够每次考核都得到 100 分。100 分等于 100% 的绩效工资，不足 100 分就要被倒扣薪酬，这种考核方式当然不能让员工满意。因此，我们应该对纳入个人薪酬的 KPI 考核和与薪酬无关的计分考核做一个区分。那么，该如何执行与薪酬无关的考核计分呢？

第 7 章　计薪资：与薪酬挂钩怎么考核

准备建立绩效工资制度的企业，设计好考核与薪酬的搭配至关重要。企业依据月度、年度的排行进行薪酬分配，可以调动员工的积极性，这是绩效得以提升的重要基础。同样，在推行与薪酬挂钩的绩效考核上如果能将绩效基础打牢，有了比较客观的依据，员工能积极参与，逐步习惯每个月的月度排行，那么再推行与薪酬挂钩的绩效考核，难度就会大大降低。

第 8 章　善激励：让员工像老板一样思考

绩效考核不仅能考察管理层和员工的日常工作表现，还可以将其作为实施股权激励的重要手段。说到股权激励，很多企业觉得离自己很遥远，但股权激励的范围是相当广泛的。股权激励的优势在于，员工不再为老板打工，而是为自己打工。试想，如果每位员工都能像老板一样思考，那么企业一定能获得蓬勃发展。

第 9 章　抓人心：以奋斗者为本，人人重视绩效

绩效管理将企业的总体目标层层分解，逐一实现，同时对协调全体员工步调一致有一定作用，因此，其本质是激励性的。如果企业员工没有积极向上的奋斗姿态，那么绩效考核就无法获得足够的重视，绩效管理的激励性也无法体现。因此，绩效管理首先要凝聚共识，抓住人心。如何抓人心？对管理者来说，是一门学问。

第 10 章　看实效：如何导入实施绩效考核

企业应该如何顺利、成功地导入一套绩效考核系统？3 大步骤、6 个阶段、6 个实施细节、4 个操作要点以及配套的制度，缺一不可。

第 11 章　重改进：有效反馈，持续改进

绩效考核体系包括计划制定、过程监督、考核计分和绩效改进 4 大环节。如果仅仅对结果进行考核奖惩，是不能解决企业的绩效问题的。所以，企业在引入绩效管理的时候，要紧紧抓住绩效改进这个重要环节，千万不要让考核沦为束缚员工的工具。

视频目录

第 1 章
知内涵：不懂绩效考核，你怎么做管理

管理学大师德鲁克说："管理不在于知，而在于行。不在于逻辑，而在于验证。管理的唯一权威就是结果。"所以，管理就是要结果。而绩效管理就是把工作要求明确化、精细化，以此来确保员工的工作结果。

1.1 不懂绩效考核，你就做不好管理

> 评价一个人，提拔一个人，不能仅仅看素质这个软标准，还是要客观地看绩效和结果。德的评价跟领导的个人喜好和对事物认识的局限性有很大的关系。绩效和结果是实实在在的，是客观的。
>
> ——任正非

1.1.1 什么是绩效

绩效是业绩和工作效果和效率的定义名词，用来客观、正确、公正、如实、公平评价全体工作人员的工作成就。

管理学上，绩效包括执行和结果两部分。执行考核，考核的主要是工作执行程度，决策的成败不能由执行者承担；结果考核，是对工作成果的考核，这是执行中的主观能动性的考核，是在执行中对决策的理解和运用的结果。

但是，绩效还有更深的一层含义：价值贡献度和目标达成度。绩效是成果、成效和业绩的总和与预期指标的比例，是实际成果与预期指标的百分比。

$$\frac{\text{实际指标（业绩＋成效＋成果）}}{\text{预期指标}}=\text{绩效}$$

视频 1　什么是绩效？很多专家都理解错了！

扫码看视频，重新认识绩效！

1.1.2　什么是绩效考核

绩效考核就是上级针对下级的阶段性的工作成果或业绩成效进行沟通评估和检讨检测，考核标准是预先约定的工作标准和目标计划所达成的程度，以标准来划分等级并发现差异，提升改善绩效的管理环节。

绩效考核，被很多管理者视为“洪水猛兽”，被称为“一考就死”。在企业管理实践中，几乎没有企业管理者对企业的绩效管理体系感到满意。不清楚为什么要进行绩效考核，绩效考核要和什么挂钩，为什么绩效实施过程中管理人员和员工要进行充分的沟通，为什么绩效考核中充满了矛盾和冲突，为什么绩效反馈是绩效管理不可或缺的一部分，为什么企业实施严格的绩效考核反而降低了员工工作的积极性，这些绩效管理问题困扰着每个企业。

A、B 两公司的困惑

A 公司和 B 公司都是某地的知名企业。A 公司是某国企业在当地的子公司，各种制度比较完善，但却无法执行。B 公司是一家新成立的建筑公司，正处于快速发展阶段，但人才流失严重。两家公司都有一定的绩效考核制度，但是施行起来却阻力重重。

首先，A公司虽然有比较完备的岗位职责标准，但是绩效考核却实行背对背形式。然而，实际上，工资条一发下来，每个人挣多少钱一目了然。这种不公开的绩效考核必然导致不公平的薪酬制度。能力强的不一定挣得最多，因为有时“能干不如会说”；能力差、效率低的人没有了能力强的员工带领，效率更差了；国企人员比较固定，晋升考核一般和资历、学历挂钩，因此，大家都开始混日子，企业经营日趋困难。

B公司因为发展较为迅速，员工待遇较高，薪酬上实行的是“无责任底薪”。而这种“无责任底薪”培养出了很多“懒汉”，因为基本待遇高，没有人愿意去做难度大、奖金高的具体工作，导致工作上虚的多、实的少。市场部不再开拓新的市场，热衷于巩固老客户，而老客户的利润是有限的。同时为了留住老客户，公司还常常搞一些优惠活动。这样一来，公司的利润逐年下滑，经营出现困难。针对这种情况，B公司又实行了浮动工资制度，即在本部门内，在原来的薪酬里面拿出20%或30%的部分做部门浮动工资，奖励能者多劳的员工。

然而，这也没能改变公司的困境。

A、B两公司经营管理上的困惑，在于没有健全的、以结果为导向的绩效考核和绩效管理制度（参见图1-1）。

首先，绩效考核的前提之一是公开透明。公开透明的目的是公平。在绩效考核方面，员工关心的永远是三个方面：考核方式是否公平、公正，是否以业绩为指标，结果是否有可比性。很多企业考核只为得出一个结果，考核质量和效果不理想。有的企业缺少考核的反馈过程，常常暗箱操作，这样的考核既没有生命力，也不利于企业的团结。

其次，不管是“无责任底薪”还是“浮动工资”，都缺乏一个衡量标准，这个衡量标准就是工作标准，也就是岗位说明书。很多企业对新员工进行一个简单的培训就上岗，忘记了新员工上岗之前有一项最重要的技术工作，就是工作分析和岗位说明。很多企业为了考核而考核，职责的量化不明确。有的即使拟定了岗位说明书，时间一久也是束之高阁。让制度成为“海市蜃楼”，做表面文章，这是企业做绩效考核常见的一个误区。因此，企业建立以绩效为导向的企业文化，对员工做绩效管理和绩效考核，有助于推动企业整体绩效的提升。

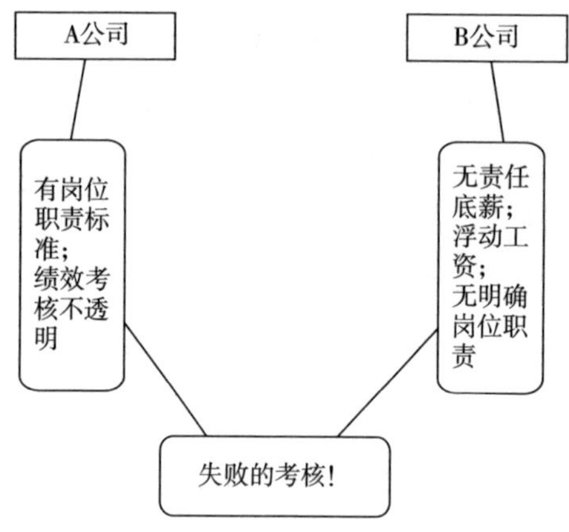

图 1-1 两家公司的考核案例

华为在成立之初，并没有完备的岗位标准，出现了人才留不住的现象。2006 年，公司开始实行严格的岗位标准，例如在人力资源部，考核标准有三项（图 1-2）：

（1）填补公司人手不足的空白，特别是产品研发部门；

（2）完成人力资源管理工作；

（3）完成对销售部门新进员工的入职培训。

可以看出，这三个指标是从不同角度为人力资源部设置的。人员是否到位？新聘员工素质是否符合业务需求？新聘员工会否在短时间内离职？都成为考核的关键指标。

此外，许多难以考核的定性指标也逐渐量化，比如实施公司人力信息的管理或上报提交。这个指标实现了数字化，分解为“员工人力资源信息与实际情况的吻合程度”“员工信息有变动的时候是否及时更新（如每周更新）”“是否按时上报”等考核指标，把这些指标套进 A、B、C、D、E 五级评分标准中进行评估，员工的工作效率和业绩都得到了非常大的提高。

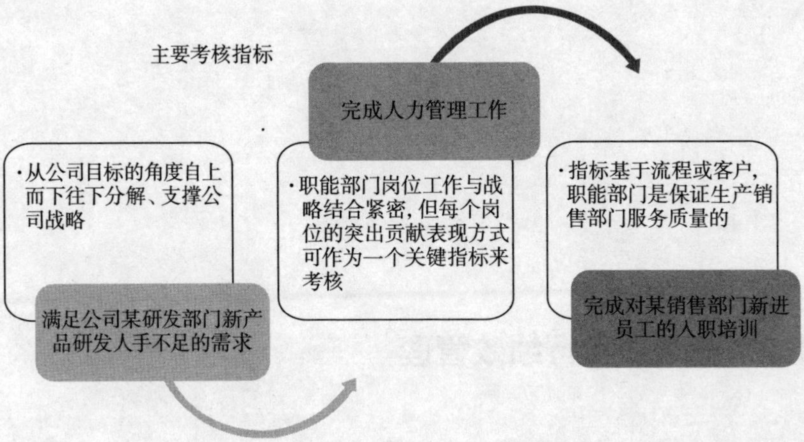

主要考核指标

完成人力管理工作

·从公司目标的角度自上而下往下分解、支撑公司战略

满足公司某研发部门新产品研发人手不足的需求

·职能部门岗位工作与战略结合紧密，但每个岗位的突出贡献表现方式可作为一个关键指标来考核

·指标基于流程或客户，职能部门是保证生产销售部门服务质量的

完成对某销售部门新进员工的入职培训

图 1－2　华为人力资源部考核

管理就是明确的要求，要求什么，反对什么，都要有严格的标准体系把它反映出来。做得好就加分，做得不好就减分。企业的量化标准要及时贯彻，让被考核人员及时对照标准，做得好的方面继续努力，不足之处则主动改正，使绩效考核真正能对员工以后的工作起到促进和提高的作用。

1.2 为什么要实行绩效管理

大多数企业的考核标准，是极不公正和不客观的——唯学历论、唯工作经验论、唯能力论，这些都阻碍了员工的工作性和积极性。

而“不患寡而患不均”的传统观念，也阻碍了企业执行公正有效的绩效管理，制约了企业的发展。那么，绩效管理到底从何而来呢？绩效管理对公司、对员工有何益处呢？

1.2.1 绩效管理从何处来

绩效管理的思想是从美国统计学家沃特·阿曼德·休哈特（Walter A. Shewhtar）提出的“改进循环”论演变而来的。他提出，一个组织要进行有效发展，就必须实施“计划—执行—检查 ”的改进循环。

后来，这种思想被利用到人力资源课题上，就形成了早期的绩效管理理念。

绩效管理，注重对 KPI 即关键考核指标的运用和选择。KPI 的运用和选择，必须是衡量绩效管理的一项关键指标，必须是客观、可衡量的绩效指标。这跟中国传统倡导的“德才兼备”，有着本质的不同，因为一个人的品德是无法被客观量化的。可以说，绩效管理是对中国版“绩效考核”的升华。

经济全球化和信息化不断加深，中国企业面临着越来越激烈的国内和国际市场竞争。为了提高竞争力和对市场的适应能力，许多企业都在探索诸如组织结构调整、组织裁员、组织扁平化、组织分散化等方面的组织变革。

实践证明，短期内，组织结构调整可控制企业成本，却不一定能提高员工绩效；不论企业如何评定和界定绩效，也只是提供了一个给予员工绩效的机会，真正能促使组织绩效提高的，是组织成员行为的改变。也就是说，要形成有利于调动员工积极性、驱动员工创新、形成有战斗力的团队的绩效管理制度

绩效考核之所以如此重要，是因为它给了企业一个可以稳固发展的平台机制。在这个平台上，人人都可以发挥自身的最大优势，自身和公司都可以得到长足发展。因为这遵循了“二八定律”，即“总结果的 80% 是由总消耗时间中的 20% 所形成的”（图 1－3）。

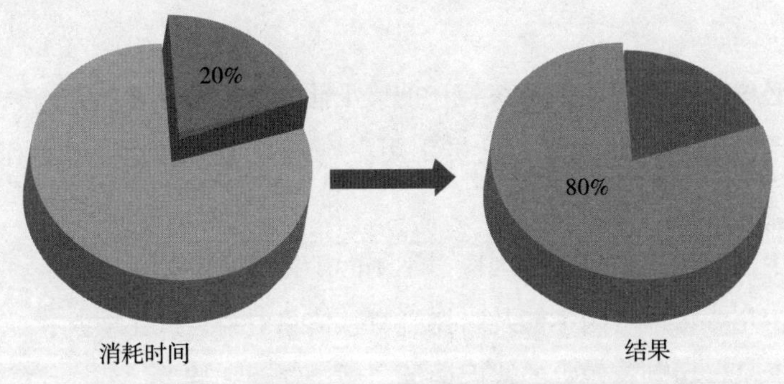

图 1－3　二八定律

例如：

80% 的利润是源自 20% 的销售额；

80% 的电话是来自 20% 的熟人；

80% 的财富集中在 20% 的人手中；

80% 的员工由 20% 的领导进行管理。

绩效考核管理制度是公司管理者抽出日常管理中那 20% 的时间，与员工经过交谈、分析和研究拟定出来的，着眼于公司整体战略，目的是提高

企业业绩。绩效考核管理制度是从业绩出发，以业绩达成度为考核标准，对企业个体和各部分进行考核的管理制度。

1.2.2 绩效管理对管理者有什么好处

管理者往往对企业出现的以下问题感到束手无策：

需要将管理精细化，深入到具体工作中，但时间不够用；

员工们对自己的工作和职责缺乏了解，工作中缺乏积极主动；

员工们对岗位职责和权责认识不够；

员工们给管理者提供的重要信息太少；

发现问题太晚以至于补救不及，导致问题不断扩大；

员工重复犯相同的错误。

绩效管理并不是解决所有问题的金钥匙，但它为处理好以上大部分问题指明了方向。只要管理者投入一些时间，同员工协商达成绩效管理制度，就可以：

不必事无巨细都要亲身参与，把员工管死，把自己管累；

赋予员工一定的权责，让员工可以合理地自我决策，从而节省管理时间；

减少各部门和员工之间因权责不明而产生的矛盾；

减少企业管理者因不能及时得到有效信息对经营产生误判；

帮助员工找到工作中的错误原因，减少错误和偏差。

某电子公司发展迅速，但内部管理混乱。总经理要求人力资源部门制定管理制度，让员工搞清楚什么时候应该做什么。人力资源部门咨询了多家人力资源咨询公司，每一家都提供了他们在公司岗位、人员职责方面的管理方法。人力资源经理最终选定了一家并推荐给总经理，而总经理正忙于其他事务，就匆匆批准了，接下来就是施行。

实际上，此类方案与公司现实脱节。人力资源部花了大力气，向员工宣传贯彻岗位职责，薪资结构，并与员工进行沟通。然而就是没有找对关键指标 KPI，员工并不理解这种考核制度，也不知道自己怎样做才算符合岗位要求，因此，这种草率的改革方案，并没有解决公司的实际问题。

这个案例非常典型。人力资源部门没有重视绩效管理这一关键问题，管理颁发制定之后才去征求员工意见，员工的意见又补充到旧的结构上，无法与公司的发展挂钩。

与一般意义上的奖惩不同，绩效管理制度更多的是帮助员工和管理者更好地进行工作。通过绩效管理，员工们可以更好地理解管理者想要他们做什么，何时需要上级的支持和介入，从而为管理者节省管理成本。

1.2.3 绩效管理对员工有何好处

和管理者一样，绩效考核制度的缺失和不完善，让员工在工作中也产生了许多困惑：

不能正确评价自己的工作表现；

不了解自己有多大权力，是否经过授权；

工作完成后没有得到相应的认可；

没机会充电，学不到新技能，实际工作中倍感乏力；

精于推诿，没有担当，不敢负责；

缺乏相应资源，经常临时抱佛脚。

成熟而有效的绩效管理制度，能够及时让员工了解到自己的工作表现，并及时得到反馈。有了反馈，员工就对自己的考核有了底气。由于绩效管理制度能帮助员工搞清楚他们什么时间应该做什么，能够让员工提升日常决策的能力，从而大大提高工作效率。

1.2.4 绩效管理对公司有何好处

管理者和员工的困惑，往往会体现到公司实际的经营上，因为，公司需要在以下几个方面做出改进：

奖罚缺乏依据，晋升不透明，不公平；

缺乏足够时间和足够专业的培训；

重惩罚，轻激励；

缺乏上对下的有效授权。

通过绩效管理制度，管理者和员工之间对绩效考核标准达成共识和规定，可以实现有效的工作授权；

通过绩效管理制度，管理者可以给员工提供有效的工作指导（这点对于新入职的员工，尤其重要）；

管理者通过考核结果，可以找出员工工作的优点、不足，有效确定改进方向和改进措施；

通过对考核结果的记录，这些考核结果将成为员工晋升的客观依据。这些方面，都对公司的持续改善有利。

总的来说，绩效管理作为一个有效的管理手段，重要的意义在于为公司提供了一个信号：唯学历、唯经验论的时代过去了，唯量化、唯考核的时代来临了。不管员工学历高低，只要按照考核制度，完成考核目标，就是合格的员工。这样的制度，能让有能力的人更加奋发向上，让平庸的人更加奋起直追；这样的公司，在激烈的市场竞争中也必将力挫群雄。

视频2　绩效管理的定义原来是这个！

扫码看视频，1 分钟搞懂绩效管理定义。

1.3 绩效考核少不了绩效文化

很多企业只知企业文化，不知绩效文化。殊不知，要建立高效的绩效管理，绩效文化是不可或缺的。绩效管理的核心就是通过对员工思想价值的引导，让员工与企业文化做到深度契合。一个企业的绩效直接关系到企业利润，而企业绩效管理能力的强弱，也直观地反映在是否有良好的绩效文化上。

1.3.1 绩效文化的五个导向

1. 价值观导向

与其他以业绩考核不同，阿里巴巴的考核将价值观作为一项重要的考核内容。

阿里巴巴作为全球三大互联网企业之一，本身就是众多企业学习和效仿的对象，而阿里巴巴自身的特点，决定了它没有任何可以借鉴和效仿的对象。因此，阿里巴巴第一要做的就是统一价值观。因为只有价值观统一了，心才能往一处想，劲儿才能往一处使，企业才不会偏离大的方向。因此，一个员工价值观是否与公司一致，成为阿里巴巴的考核内容。

在阿里巴巴，HR们喜欢用这样一张图考核员工（图1-4）：

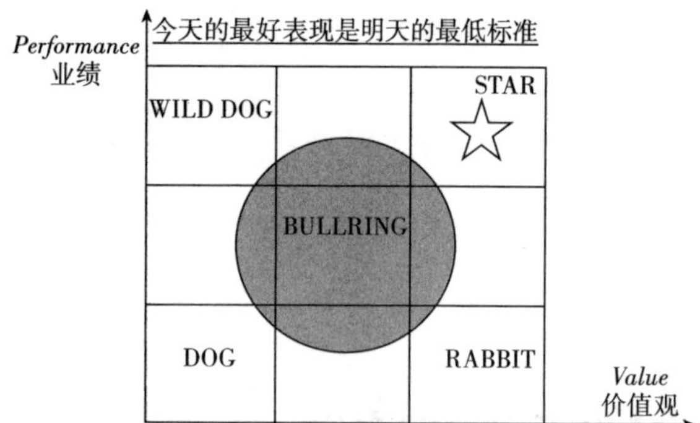

图1－4　阿里巴巴的价值观考核

在阿里 HR 眼里，员工一般被分成以下几种：

WILD DOG：业绩好，但价值观不符；

RABBIT：没有业绩，但价值观相符；

STAR：有业绩有价值观，被形容为“明星”；

BULLRING：业绩达标，价值观基本相符；

DOG：业绩和价值观都不达标。

阿里巴巴本身情况特殊，但哪家企业的情况不特殊呢？世界上没有一模一样的企业，管理者在管理上的个人特质往往决定了企业的特点。因此，要建立绩效文化，企业一定要树立一个拥有广泛共识的企业价值观。我们并不提倡把价值观当作绩效考核的标准之一，但试想一个企业如果照搬、照抄别人的管理经验，就很可能导致水土不服，那么绩效管理制度就形同废纸。因此，价值导向必不可少。

2. 体验导向

华润集团把考核建立在员工体验上。华润的绩效文化重在让员工体验到认可感和获得感。在华润，考核被当成“体检”，结果达标就发“体检合格证书”，如果考核不合格，就扣上“体检不达标”的大红章。

这样的操作非常人性化，其目的是提醒合格的人继续保持，不合格的人加倍努力，规避了我们大多数企业所使用的公开扣罚奖金等操作上的尴尬，无论考核是否合格，都能让员工以饱满的心态去工作。因此，体验导向，就是人性化的操作，从而更好地推动高绩效。

3. 达成度导向

谷歌公司，使用的是“关键结果”的考核标准。所谓关键结果，其实就是企业对工作目标达成度的评估，而不是简单的“是”或“否”。它要求员工在工作完成后，要对结果进行测评，其达成的目标和完成度，要经得起检验。

不仅如此，谷歌公司还划分个人关键结果和团队关键结果，乃至整个公司的关键结果。这些层次分明的考核管理结构，支撑起了整个企业的绩效管理体系。

绩效考核的核心是目标的达成度，而非结果。因为只有按照目标达成度计算，才能避免落入“相对结果”的思维陷阱。例如，一家企业生产的产品要交货，如果以结果导向来考核的话，那么考核标准就变成是否按时交货，但是货物的质量和型号是否符合标准，就不是结果导向能够决定。实际上，“及时交货”只是“结”，“合格交货”才是“果”，这就是考核的重点。只有对目标达成度考核，才是满足客户需求和管理需求的绩效行为。

4. 责任导向

志者行远，有责任的人一样看得更高，走得更远。在绩效管理中，明确权责，始终是应该坚持的一条准则。然而，把每个部门，每个职位的权责都划分清晰，是不是能够建立起真正的责任导向呢?

曾任格力集团的 CEO 董明珠说过：“在我的公司，如果有人说这四句话，我立刻开除他！这四句话是：‘不归我管!’‘我不知道!’‘他不在!’‘这个没办法!’其中第一句话，点明了我们在建立绩效考核体系的时候，一定要制定一款（条例）防止因为权责不清晰而产生互相推诿责任的行为发生，即真正的责任，也是唯一的责任，是你作为公司的员工，要为全公司负责。”

5. 变革导向

经营环境永远随着市场环境的变化而变化，因此，没有永远不变的绩效管理工具，更没有永远不变的经营模式。

三星集团 CEO 李健熙说“除了老婆、孩子，其他都要变”。正是他勇于变革的勇气，带领三星集团渡过一次又一次的难关，让三星集团，这个曾经低质量的大规模生产商，成为如今的世界一流企业。

作为企业管理者，要时刻注意研究符合本企业的绩效管理创新理念，随时研究，随时反馈，随时调整，这才是变革导向的体现。

1.3.2 绩效文化的建立有赖于高效沟通

要建立高质量的绩效文化，首先要充分征求员工的意见和看法。凝聚力是一切文化形成的前提。管理者在决策前，应该进行一场公司内部的充分讨论，一旦做出决策，集体就要为达到既定目标努力。

某公司在内部提出了“即时认可”文化。它倡导管理者在绩效管理中，充分关注员工的工作和行为，对员工的工作表现进行即时反馈与认可。通过这种积极的行为，这家公司逐步形成了高度的绩效文化。

为了“即时认可”文化落实到每个员工的身上，这家企业建立了微信公众号，并推出了微信点赞平台。

一旦管理者认识到某位员工工作努力，责任意识强，为企业创造了利润，就通过微信进行点赞，员工可立即收到点赞的提醒和内容。员工在工作中的心得可通过“点赞”在全公司进行分享（图 1 - 5）。

图 1 - 5　某公司员微信公众号

企业要利用新媒体等社交化手段，活跃沟通氛围，打造出公司内生动活泼的局面，建立正确有效的沟通路径，让绩效文化得到更广泛的贯彻。

绩效文化的建立不是短时间内就能够达到的，必须通过持久的不懈努力，通过五大导向，以及广泛的宣传、沟通，通过管理者和员工在工作实践当中的知和行，一步步建立起来。

1.4 人事考核和绩效考核

在很多企业，都存在着这样的误区：我们有完整的人事考核制度，并不需要另起炉灶再进行额外的绩效考核。其实，人事考核和绩效考核还是有着很大区别的。用海尔 CEO 张瑞敏的话说，我们只赛马，不相马。实际上，人事考核就是相马的过程，员工职位的升降，奖金的扣发，以及其他奖惩，都体现在人事考核上。而绩效考核是赛马的过程，它的目的不是扣奖金，而是提升业绩。

1.4.1 绩效考核的一个中心

大多数企业，特别是外企，在人事考核上，注重 360 度全方位的考核（图 1-6）。这种考核，实际上并没有重点，工作表现、工作业绩、在职年限、职称，等等，都是考核的项目。然而，绩效考核只有一个中心，那就是业绩。

令人遗憾的是，我们的企业常常把绩效考核当成奖或惩的简单工具。有的员工在超额完成工作任务后，会得到一大笔奖金；而没有完成工作任务，或在工作中犯了错误的员工，就完全没有奖金。这种绩效考核看似赏罚分明，但结果却适得其反。获得奖金的员工从此沾沾自喜，不思进取；被罚奖金的人每天闷闷不乐，意志消沉，开始消极怠工。

奖惩的最终目的是为了提高业绩，可很多人力资源部门把对员工的奖惩看成独立的事件，完全脱离了“业绩”这个中心点。

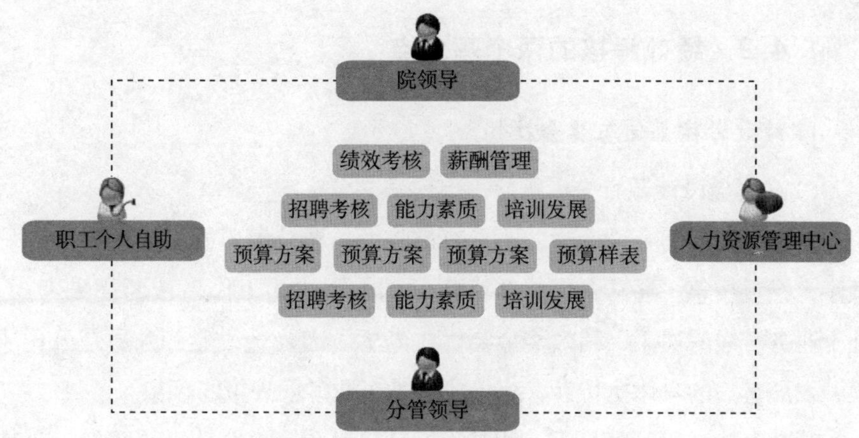

图1-6 企业360度的全方位考核

某公司人力资源部把员工的工资做了拆分，其中加入了绩效奖金。未完成任务的员工当月扣罚绩效奖金，完成任务的当月发放绩效奖金，超额完成任务的按照超额部分的百分比多奖励绩效奖金。

这个绩效考核制度一开始就遭到了很多员工的反对。他们认为，企业根据绩效考核结果扣减员工绩效奖金，是非法克扣工资。这个考核结果，最终酿成了一场劳动纠纷。

利用所谓的绩效工资、绩效奖金来进行的绩效考核，已经证明存在诸多弊端。因此，我们应该将绩效考核写进劳动合同当中的附属协议，否则，单纯的奖惩不但容易引起劳动纠纷，久而久之，还会导致员工整体心态失衡。如此一来，由于员工对管理者失去了信心，导致公司再好的制度也难以推行下去。

绩效考核不能只盯住“那几个钱”，要把重点放在绩效改进和绩效沟通上，同时要根据绩效反映出的有效结果，进行有效的制度完善，最终促进业绩的提升。

要达到这个目的，除了要紧抓“业绩”这个中心之外，还要注意两个“基本点”：第一，绩效考核如何与奖金挂钩；第二，如何有效激励。只要解决绩效考核中的“一个中心，两个基本点”，绩效考核就能够大幅度地提高公司的管理水平。

1.4.2 绩效考核的两个基本点

1. 绩效考核如何与奖金挂钩

（1）奖金设计要有先后顺序，有缓急之分。

在进行绩效奖金设计时，要具有前瞻性。要分清不同工作性质的先后顺序，轻重缓急。通常，那些非常重要的、紧迫的工作考核要优先考虑；处于业务一线的员工，绩效奖金要优先考虑。因为一线业务人员是公司决策、发展客户的具体执行者，直接决定着企业各项政策的落实。

绩效考核一般顺序是：一线员工—部门负责人—企业高层领导。越靠近一线，离市场和客户越近的员工，其绩效奖金的设计越要优先考虑。

（2）绩效奖金从哪里来。

员工绩效奖金的来源可分为：定额制、分解制和提成制（表 1－1）。其中提成制是现今最常见的一种方式。提成制又可分为销售量提成、利润提成和销售额提成。

表 1－1　员工绩效奖金的来源

<table>
<tr><td>定额制</td><td colspan="2">根据员工绩效奖金占年薪的比例或年底多发放几个月月薪。这种方式多针对老员工设计。例如一位部门主管绩效奖金占年薪 20%，经理的绩效奖金占年薪的 30%，普通员工实行年底双薪等</td></tr>
<tr><td>分解制</td><td colspan="2">指企业奖金总额直接根据当年的利润设计。这是一种对企业实际利润进行的分配活动，因为分配周期较长，效果不够明显。奖金的多少取决于企业实际盈利。分解制不适合在一线员工中采用，它比较适用于中高层员工的绩效奖金设计</td></tr>
<tr><td rowspan="3">提成制</td><td>销售量提成</td><td>指的是按照产品的实际销售金额提成。在通常情况下，考虑到渠道、让利、折扣等因素，实际销售金额是不同的。例如，直销和分销的销售金额不同，节庆促销活动和平时的销售金额也不同。不同产品的单价不同，自然销售金额也不同</td></tr>
<tr><td>销量提成</td><td>指的是按照产品的销量与提点比例提取奖金。实际销售的各类产品数量需要折合成标准产品的数量，即单个标准产品数量的提成金额乘以折合后的标准产品数量来核算</td></tr>
<tr><td>利润提成</td><td>按照实际利润额与相应提点比例提取奖金。这种对应的方式有两种，一种是以实际利润金额为准；一种是以实际利润率点为准。利润提成既要看考核者的实际利润额，又要看实际利润额对应的提成点或者利润率与实际利润额对应的提成点</td></tr>
</table>

由于绩效奖金来源的多元性和复杂性，在制定绩效考核标准前，一定要梳理企业各部门的绩效奖金来源。先基层，后中层，最后高层，逐级进行收集和整理，然后再采取适合的方式来进行整合。

2. 如何嵌入激励方式

员工的工作热情不仅受所得的物质奖励的影响，也受精神方面的影响。例如，调整工作岗位，员工培训，以及其他心理因素等。激励并不只是加薪。

（1）物质激励。

物质激励一般以薪资、奖金为主。运用好物质激励是合理施行绩效考核的前提，也是绩效考核最多的方面之一。例如华为公司对表现突出的员工给予股票期权，华为上万人获得了股权。大范围的员工持股计划极大地调动了员工的工作积极性，增强了企业忠诚度。

（2）晋升激励。

能者上，庸者下，这是晋升激励的重要作用。唯才是用，才能发挥晋升激励的作用。这就要求企业管理者秉持公开透明的原则，坚持正确的人才任用方针，晋升才能突出的员工。

（3）舆论激励。

通过企业内部的舆论导向，对员工给予精神上的支持和鼓励。例如利用企业内部邮箱、刊物、布告栏等媒介，对先进员工进行褒奖，形成奋发向上的良好气氛。

（4）民主激励。

让员工多参与公司的日常管理，群策群力，可以极大地调动他们的工作积极性。作为企业的管理者，要充分发挥员工的智慧才能，给员工更多参与企业决策和管理的机会，或者为员工参与管理活动创造必要的条件，那么企业员工的积极性和创造力都能处于一种良好状态，每个人都能够充分、有效激发自己的最大潜能，为企业创造更大价值。

厘清企业人事考核和绩效考核的关系，区分二者的不同，是企业向绩效导向型转型过渡的关键一步。这一步迈得好，绩效管理制度就有了充分空间去发挥它的强大生命力，企业就能朝更高的目标前进。

视频3　人事考核是“相马”，绩效考核是“赛马”

你的企业在做人事考核还是绩效考核？扫码看视频，看懂什么是人事考核，什么是绩效考核。

1.5 绩效管理与考核流程

任何管理系统都要遵循一定的顺序和流程。绩效管理作为企业改进的重要手段，从设计的初始到管理的成熟，有一个循序渐进的过程。

因此，建立高效的绩效管理和成熟的绩效考核制度的首要工作，是首先建立一套考核流程，有步骤、有计划，才能有执行，才能为企业设计出科学、合理的绩效考核系统。

1.5.1 绩效管理系统的规划——PDCI

位于深圳的木屋烧烤，从 2 万元开烧烤店到现在融资 1 亿元，从只有 15 名员工，到现在有 50 个店面千余名员工。他的创始人，高中没毕业，做过保安，靠着自己的拼搏，把木屋烧烤做成了国内烧烤品类的领先品牌。

木屋烧烤靠什么取得这么大的成功呢？答案是 PDCI。木屋烧烤的管理，很早就形成了 PDCI 的循环：计划—执行—检查—评估—改善。PDCI 让木屋烧烤更好地优化了绩效考核的流程和标准。绩效搞得好，人员干劲儿足，企业当然越做越大。

PDCI，被称为绩效管理的有效循环。P 指的是规划、计划（plan），D 指的是执行（do），C 指的是检查和诊断（check），I 指的是改善（improve）。在四个过程中又包括八个步骤，我们称为绩效管理系统的“天龙八部”（图1－7）。

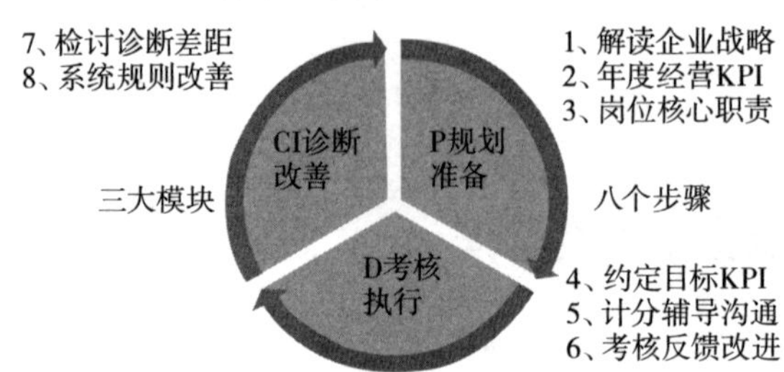

图1－7　PDCI及步骤

1. 绩效管理系统的规划、计划

绩效管理系统的规划、计划包含三个步骤：

（1）重新解读企业战略。

重新解读企业战略，对绩效管理的规划至关重要。所以，企业在制定绩效管理系统时，必须首先梳理企业战略。

（2）解读年度经营计划和KPI。

在制定各部门和员工个人的绩效考核制度之前，必须要重新审视企业年度经营计划是否合乎实际。很多企业本身的年度经营计划与企业经营现实严重脱节，最后导致员工的考核标准没有了“天花板”，成了没有人完成的任务。

其次，企业还要重新审视企业的KPI，也就是关键绩效标准。审视企业的KPI时，要遵循SMART原则：

S代表具体，指的是在制定KPI时，一定要细化，不能笼统；

M代表可度量，指的是绩效指标能够量化，可测量；

A代表可实现，指绩效指标要设置一定的“天花板”和“地板”，避免指标过高或过低；

R代表实现性，指的是绩效指标必须真实，不能有模糊和虚假的空间；

T 代表有时限，要设定完成绩效指标的时限。

在这里，我们要提到绩效管理的规划和准备当中必不可缺的两个表，这两个表要成为员工的“案头必备”：一是部门 KPI 分解表，这个表要把企业战略和年度经营计划及部门 KPI 包含在内；二是岗位核心职责表，它包含着岗位职责和衡量标准。

（3）重新厘清岗位职责和核心职责

企业在规划绩效管理系统时，还要建立核心职责的衡量标准。

2. 考核管理系统的执行

考核管理制度的执行，也包含三个步骤：

（1）约定工作目标和 KPI。

这里指的是约定，而不是正式的制定。大部分的企业，为了急于实现绩效管理系统，匆匆忙忙就制定了考核标准，明确了工作目标和 KPI。这实际上是违反了绩效考核的沟通原则的。约定就是商量，一定要和员工进行约定，因为每一个岗位都是有核心的工作目标和核心的 KPI 的，务必要听取各岗位人员的意见。

（2）计分辅导和沟通。

第一点，企业要对员工的行为过程做一个分数的记录。

第二点，如果发现员工在工作中有哪项技能没有掌握，一定要及时给予讲解和辅导。

（3）做考核，做反馈，做改进计划。

很多企业绩效考核搞得好，绝不是有一个考核的版本就万事大吉了。根据岗位个人和部门的执行情况，对本轮绩效考核的执行情况进行反馈，看看与当初设定的目标差距在哪里，有哪些需要改进的地方；要通过反馈，随时调整考核标准。

3. 绩效管理系统的诊断和改善

这里所说的诊断和改善，与执行部分的诊断和改善不同。这里的诊断和改善，是对整个公司和组织团队的整体性的检查和改进。第一，要看考核管理系统执行的结果与制定时的预期相比是否有差距；第二，是看系统规则能否有效执行，如果执行得不顺利，就要改进。

1.5.2 绩效考核的执行

与绩效管理系统的循环相类似，绩效考核的执行步骤，也遵循着三步闭式循环（图1－8）。

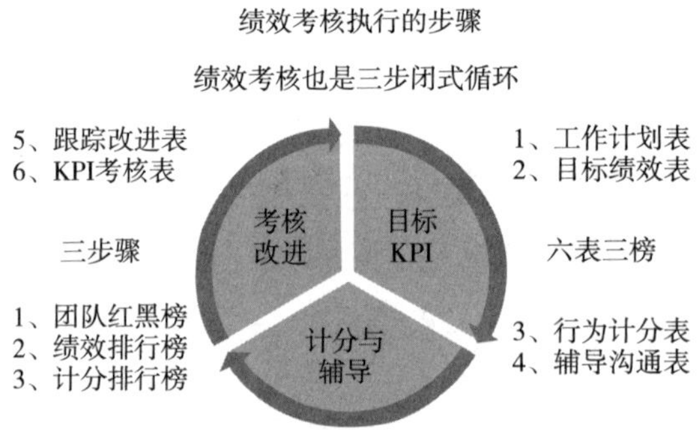

绩效考核执行的步骤

绩效考核也是三步闭式循环

5、跟踪改进表
6、KPI考核表

1、工作计划表
2、目标绩效表

考核改进

目标KPI

三步骤

六表三榜

计分与辅导

1、团队红黑榜
2、绩效排行榜
3、计分排行榜

3、行为计分表
4、辅导沟通表

图1－8 考核执行步骤

1. 目标和KPI

在依据岗位绩效考核执行的前期，应该集中解决目标和KPI。目标和KPI包括两个部分：第一是制定每个月的工作计划表，第二是制定月度目标绩效表。

2. 计分和辅导

在中期应该依据员工日常工作表现和任务完成情况，做好观察记录，登记行为计分卡，同时还要完成辅导沟通表。

3. 考核和改进

在考核和改进阶段，我们要检讨工作计划的重点和完成情况，也要完成三个表：跟踪改进表、目标绩效表、KPI考核表。

4. 三榜

在三步骤完成后，我们就可以编制“三榜”了。

（1）团队红黑榜。

每周，把高效、业绩好的团队，列在红色榜上；把低效团队，业绩不达标的，列在黑色榜上。这样黑白分明，一目了然。这一步应该在计分和辅导环节中做出。

（2）绩效排行榜。

各部门要列出本部门个人的绩效排行榜。

（3）计分排行榜。

通过计分，来公布各部门之间及部门内部人员的计分排行榜。

企业建立有效的绩效管理系统和绩效考核制度，必须要具有规范化的运作流程。因为完整的绩效管理系统和绩效考核过程，是以绩效考核准确的计划和严格的流程执行结果为保障的。

视频 4　绩效管理系统的“天龙八步”与考核的“八表”“三榜”

扫码看视频，了解绩效管理的八个步骤以及考核的八张表和三个榜单。

1.6 绩效考核，提升员工的内在驱动力

从心理学的角度出发，内在驱动力就是心理上的满足。从管理学的角度来说，员工的内在驱动力，就是员工内心渴望去工作，工作带给员工的，不是“混饭吃”，是愉悦，是快乐，更是使命。那么我们如何用完善的绩效考核制度提升员工的内在驱动力？提升员工驱动力，又需要注意哪些方面呢？

提升员工内在驱动力，首先要知道，员工内在驱动力的来源在哪里。员工内在驱动力，来源于五个方面：公平性、自主性、愉悦感、专精化和使命感，它们的关系构筑成一个金字塔形状（图1－9）。

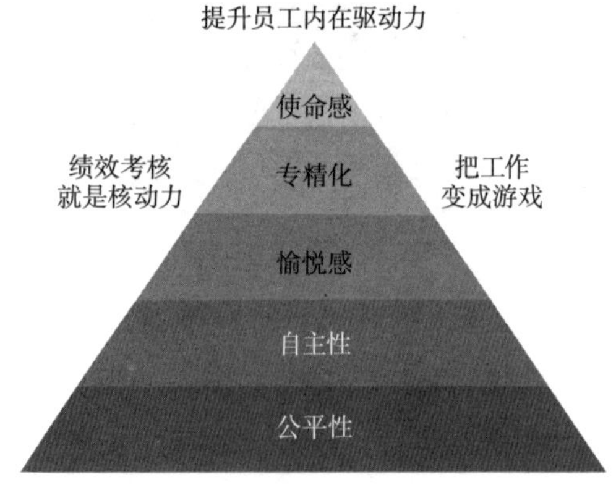

图1－9 内在驱动力金字塔

那么，如何来实施这五方面的内容呢？

1. 公平性——相对排名的重要性

公平性是金字塔的塔基，强调绩效考核制度公平、透明，具有重要意义。要把绩效考核变成员工的工作动机和动力，就一定要讲究公平。

但要注意的是，这里的公平不是绝对的公平，而是相对的公平。那么什么是相对的公平呢？我们身边有很多这样的例子。一个员工，他内心对公平的感觉，不会去想自己的付出和回报是否持平，因为这很难衡量，而总是习惯同其他员工比较。

因此，我们鼓励企业用排行榜的方式，每周用上文给出的“三榜”，来体现这种相对公平性的原则。在排行榜上，员工表现如何，业绩如何，都一目了然。“三榜”体现了团队之间、员工之间的差距和不足，既有说服力，又细化了标准，因此是点对点的比较，能够让员工产生一种竞争意识。通过“三榜”，员工能够快速地找到工作中的短板，查漏补缺。如此一来，员工自然会“比学赶帮超”，因为每个人都不想成为团队的“尾巴”。

2. 自主性——我的地盘我做主

员工自主性是让员工懂得如何自主工作，自己做决定。

一个优质的绩效考核，一定是让员工觉得自己是在为自己工作，而不是为管理者工作。

说到员工的自主性，海底捞是一个企业的典范。一个老太太去海底捞吃饭，相中了海底捞的餐具，那种很长的筷子，当时向服务员要，服务员不答应。结果离店时，服务员把筷子打包好，一送就是双份，这也是给顾客一个惊喜。而服务员这么做不需要授权，可以自己做决定。此外，还有很多“变态服务”：送客人上厕所，给客人就餐时准备好眼镜布、手机套，等等。这些都是服务员的发明，而不是管理者硬性要求他们必须提供这类服务。服务员之所以有这么大的自主性和积极性，是因为海底捞在针对服务人员的绩效考核中，把服务定位了 KPI。

培养员工的自主性，就是在培养人才，培养未来企业的管理团队。如果一个企业人人都是管理者，意味着每个员工都将这个企业当成了自己的企业，人人自觉主动工作，把工作当成自己的事业用心去做，遇到任何困难和挑战，都会纷纷挺身而出，齐心协力使企业得到更长远的发展。

3. 愉悦感——快快乐乐来工作

管理大师彼得·德鲁克曾说：“企业真正需要的是效能，而非效率!”但在实际工作中，大多数的员工都没有意识到这一点，总以为工作越多越好，效率越高越好。所以，大家忙忙碌碌整日不得闲，而实际又有多少业绩呢？又是否真正快乐呢？

让每个员工快快乐乐地来上班，去工作，再快快乐乐回家去，这是多少企业的梦想。快乐工作这个观念曾经风靡一时，而今却销声匿迹，为什么？因为要在现实中实现是非常困难的。每天工作 8 小时，甚至 10 个小时，回到家还要想着工作的事，谁能快乐呢？为什么会产生这种现象，真的是工作压力大、事情做不完吗？实际上，还是制度方面出了问题。

我们的绩效管理系统和绩效考核制度，到底是要累死员工呢，还是要让员工适应它，最终成为工作习惯呢？

绩效考核的关键在于让员工每天轻轻松松把当天工作做完，高高兴兴回家。所以，绩效考核一定要在 KPI 上下功夫，让标准精细化，一条条理清楚，让员工有标准可循，而不是为了完成业绩，像无头苍蝇一样四处乱撞。因此，KPI 分解表的制定和实施，是实现员工愉悦感的重要一环。

4. 专精化——成为人精

有了以上三个方面的内容，员工就有充分的时间和精力，从之前认为繁重的工作中解脱出来，精益求精，给自己充电，学习行业的知识和技能，达到专精化。而绩效考核中，我们要多鼓励员工去自我提高，自我投入，相比较很多企业的集体培训、拓展训练、上大课，这种自我提升的意识更加能够提高员工的专业能力。因为只有员工自己知道身上还有哪些欠缺和不足，自我精准提高，比企业组织的培训更有效，人力资源成本也节省很多。

5. 使命感——精英的使命必达

通过自我修炼，一位员工在某一个行业某一个领域成为精英，那这是不是也实现了他的使命感？成为了自己所希望成为的那个人？让员工达成自我实现的梦想蓝图，唤醒心灵深处的成就感，使命必达。而这时的绩效考核，因为有使命感的员工的坚持，也必然是畅通无阻的。

以绩效考核为敲门砖，企业来开发这五大方面要素，让它形成一个可以让公司稳固的金字塔，可以极大地激发员工的内在驱动力，使其在工作表现、工作成果方面，有惊喜表现。

视频 5　激发这五大要素能提升员工的内在驱动力，必有惊喜表现

扫码看视频，为你解读提升员工内在驱动力的五大要素。

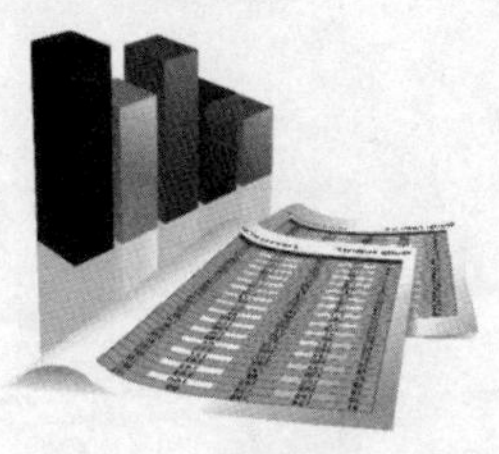

第 2 章

定标准：事前有目标，事后有考核

绩效考核必须有明确的目标，执行起来才能有依据。企业如果没有目标，绩效管理体系就无从建立。员工没有目标，工作结果的核定也就无从谈起。目标的意义在于，将纪律摆在前面，确保人人都能认可，并服从根据目标所制定的考核标准。一切按照标准来工作，企业战略才能够实施，员工的业绩才有保障。

2.1 目标必须是上下级协商的结果

一个企业的目标，必须是管理者和员工共同协商、共同认定的结果。任何片面的、单方面的决定，都不利于调动管理者和员工工作的积极性。所以，每一个目标及每一项计划的出台，都要听一下员工的意见，要最大限度地调动企业领导、管理部门和基层员工，群策群力，让所有人都有参与感、获得感。

2.1.1 上下协商离不开循环沟通

很多企业把协商流于形式，而忽视了协商的实质。

不少企业的管理者都抱怨，说他们经常和员工就管理方面的问题进行协商，为什么收效甚微呢？我经常这样问他们："你们的协商，是否注重循环？"这时候他们往往面面相觑，不懂我的意思。我继续问他们："你们和员工协商后，做出决策，还有没有向员工反馈？"答案大都是"没有"。理由是：有的员工提的意见并不符合实际，所以就没有采纳；有的即便采用了，也没有给他们反馈。而员工在工作中遇到的问题，经过协商后，让他意识到问题的关键，也就可以了，事后也不进行跟进。我向他们表示，很多公司每次与员工协商的结果都是有谈话，无反馈，无跟进，然而很多问题不是一蹴而就的，需要反复讨论予以跟进，要是把上下协商流为形式，怎么会有效果呢？

1. 协商的前提：关注员工利益

协商不仅仅在于技巧，也在于协商双方的利益取向和协商的内容。绩效协商也是如此。有效的绩效协商首先有一个前提：对员工要有负责任的态度。

在绩效协商过程中，企业管理者往往只考虑自身的利益，很少考虑员工的利益，更谈不上对员工负责。所以，很多企业的绩效管理成了对员工的一种无形的束缚，而不是完整意义的绩效管理。

很多企业对员工的绩效考核采取一种严抓、狠罚的态度，让员工失去了对企业的归属感。这样的绩效协商，无论多么有技巧，也不会有效果。

华为管理人员的绩效协商核心目的，不是看员工上个考核周期内做得怎么样，而是关注员工的成长，把员工当成企业的资源，根据公司和人力资源部的整体发展，进行有效管理、培育、增值。

在进行绩效协商时，华为的人力资源部门从来不会对员工说以下这些话：

“按照公司标准，你的业绩指标应该……”

“你这个月业绩指标……”

…………

华为的人力资源部门在协商时，不用命令式或肯定的口吻，而是多向员工提出问题：

“你认为自己应该完成哪些工作?”

“你现在的工作和自己目标的实现是否一致?”

“你认为如何做好当前的工作?”

“如何衡量绩效?”

“完成绩效的障碍在哪里?”

就上述问题，人力资源部门和部门的负责人会找到员工进行反复的协商，最后达成三方都认可的一致意见，并签字确认。长期以来，这种协商方式成为华为制定和调整绩效考核标准的重要依据。而华为也愿意付出一个季度的时间来做这项工作（图2－1）。

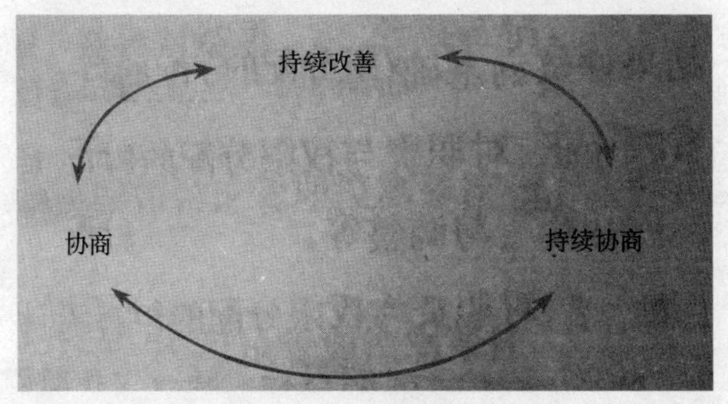

图2－1 华为的绩效协商

2. 沟通的内容要全面

有效的绩效协商，包括四个层面的内容：

（1）目标任务、标准、工作流程；

（2）结果、绩效、员工能力；

（3）职业生涯设计、潜力发挥；

（4）个人和组织利益、生活目标、感情因素。

绩效协商是双向沟通的过程，是管理 PDCI 的一个环节。管理者首先要做到对事不对人，客观准确地进行分析、反馈、评价，才能为绩效管理体系和考核制度的完善和提升提供空间。

不仅如此，管理者还应该了解员工的思想活动。

联想公司，在绩效协商的时候会专门询问下属的生活情况，有必要的话会给予员工一定的帮助。曾经有位员工，妻子得了重病，卧床不起，为此他每天都要请半天的事假回家照顾妻子。人力资源部门在绩效协商时及时了解了这一情况，马上安排以公司名义预借给这位员工一笔钱，让他请保姆照顾妻子，免除了他的后顾之忧。因此联想的团队非常团结，非常有战斗力，号称“斯巴达铁军”。

2.1.2 绩效考核的高效协商步骤

1. 计划在后，宣传在先

在绩效计划正式开始前，向员工宣传绩效管理的理念和重要意义是非常必要的，这是获得员工支持的关键步骤。为此，企业管理层应该给予充分的重视，联合人力资源部门共同进行宣传工作，让基层员工，部门负责人以及那些不赞同绩效考核的人都意识到绩效管理的重要性。

首先，高层领导要积极协调部门负责人，要获得他们的支持和配合。其次，要发挥公司内网、内刊、电子邮件的作用，向员工宣传和介绍绩效管理制度。

2. 深入一线

主管考核的人员，应该走出办公室，到基层员工当中，多了解一线员工的工作状态。有人说，如果管理层的想法 1 + 1 = 2，而基层员工得出的想法是 1 + 1 = 3，那就要采纳 1 + 1 = 3 的方案。因为员工自己的方案执行起来才更得心应手。而对于在基层及时发现的问题，能解决的要提出解决办法，短期不能彻底解决的，也要尽快拿出临时的补救办法。

绩效考核的核心是员工的绩效，而员工的绩效又是企业目标的重要组成部分，从某种程度上说，员工和企业的利益是紧紧联系在一起的。因此，绩效考核的政策、计划、标准等，全程都需要管理者和员工的共同参与，达成共识。只有在达成共识的基础上，管理者才能规范业绩的考核标准，员工才能对自己的工作做出保证。

2.2 制定标准不能因人废事

很多企业把绩效考核当成是对“人”的考核，绩效考核标准也往往根据特定的部门和岗位而制定，这种认识是错误的。绩效考核，不仅在于考核“人”，更重要的是考核“事”。绩效考核包括对“人”评价和对“事”衡量两部分。只有管人和管事并行，绩效考核制度才能体现公平和公正，才能真正起到激励员工的作用。

2.2.1 管人，更要管事

绩效考核在一个企业迅速发展期间最能发挥作用。一个家具公司的老总，公司业务越来越多，效益好了，他就想实行绩效考核，进一步激励员工。于是，他授权人力资源部来办这件事，不久公司就成立了一个绩效管理小组，借鉴了其他企业在绩效管理方面的经验。具体考核如下：

每个月的 1 日，由员工自己做该月的工作计划，并经上级确认；月底进行自我评价，再由上级进行评分；最后由人力资源汇总到绩效管理小组，制定评定标准。

最后，根据上级评定和自评，公司进行等级划分，共包括 A、B、C 三个等级。A 级员工将获得工资的 15% 作为奖金；B 级员工不予奖励，也不予惩罚；C 级将扣除工资的 5% 作为惩罚。

这位老总对我说，考核制度一公布，员工的积极性很高，都对考核结果十分在意。人人争当A级员工，工作的积极性越来越高，工作也都能高效地完成。但一年之后，问题逐渐暴露出来。员工月初做工作计划时开始脱离实际，为了能在月底打高分，都把工作计划排得满满的，根本不考虑工作完成得怎么样，这样一来，考核渐渐成了形式主义。

这个企业的绩效考核问题出在哪里？很多人也许发现，这个企业很注重对人的考核，但忽略了对工作本身的完成情况进行考核。主要表现在评价时，考核的人打分严重失真，结果和实际相去甚远，所有员工的绩效没有拉开差距，考核的激励作用完全失灵。

在不可量化指标的考核中，这种现象尤其严重，经常出现一大片得满分的员工。真正的绩效考核，对事的考核要重于对人的考核。如果绩效考核在对工作本身的完成情况方面开了天窗，那么对人的考核也无法有效执行。正如上面案例上所表现出来的，一开始，是由员工自己填写工作计划，而不是上下协商的结果，而这将导致考核标准缺乏有效的参考。特别是针对一些无法量化的工作内容，需要绩效管理小组反复地审核，并计算出最终的数据。如果只让员工凭自己的主观愿望来决定，就一定会出问题。

如果绩效考核小组能对每个岗位制定出关键KPI，然后再结合具体岗位的具体工作完成情况进行考核，就会减少盲目性。

2.2.2　人事兼顾的绩效考核

要做到人事兼顾，就要在设计绩效考核时，注意以下四个方面：

1. 定制组织框架

很多企业存在着汇报关系混乱，职责空白的现象，这极大地制约了绩效管理的实施。要建立绩效考核的基本组织框架，绩效考核负责人要首先对企业的组织结构、岗位设置、部门职责和岗位职责进行重新梳理。有的考核负责人忽略了各职能部门的职能疏导，结果在设计考核指标上重现了某种程度的重叠和空白，从而使考核程序更加混乱，考核效果与实际偏差过大。

2. 加强对绩效考核考评人的约束

绩效考核人作为绩效考核的执行者，其本身的工作也要进行绩效考核。

首先要对其考核工作设定关键指标，如“对考核工作的正确理解和执行”，作为关键 KPI 进行考核。

其次，在执行和改善环节，加强考核人对被考核员工计分的反馈，指出打分过程中的偏差和错误，帮助改进打分的有效性。

此外，将关键事件结合到计分中，每个等级都要有关键指标来作参考，这样就会减少打分误差，同时使得绩效考核人在平时就会关注、记录员工的工作绩效。

3. 对打分数据的纠偏处理

在绩效考核中，绩效基数对应的业绩水平有两种设计方法——业绩完成率，或某个百分比水平。

如果将奖金基数设定为 100，意味着员工绩效必须达到完美状态才能得到基本奖金。考核负责人若按照真实水平打分，则有失客观。若考核人因人情而给出绩效基数，则意味着大多数员工的绩效都很完美，这当然是不可能的，失去了绩效管理的导向作用。

问题的关键是：“奖金基数应怎样设定?”我们可以按照“浮动定额标准”的概念，即以企业平均考核分数为基础，设立绩效基数；低于此标准将受到惩罚；高于此标准，将按照高出比例获得绩效奖金。

4. 层级原则

在绩效管理中，一定是实施层级管理，所以，也必然实施层级考核。然而在实践中，最常见的现象是总经理或人力资源部越过了所有层级，对所有部门和岗位进行考核，这种行为对企业的伤害最大。

所有绩效都对准人而不是事的话，考核体系就会失灵，就会让原本简单的问题变得非常复杂。在绩效管理中，我们一定要记住：工作指标要针对岗位，设定目标时也要针对岗位，考核评估也是针对岗位，岗位激励更需要针对岗位，考核对岗，考核对事，这样才能达到绩效考核的目的。

2.3　目标要尽可能是可量化的

绩效的终点是业绩，而业绩体现在数字上，就是企业的利润。因此，规范化的绩效管理，一定是可以量化的数字。企业组织犹如狼群，要让狼群得以繁衍生息，逐步壮大，狼群的捕羊数一定是要逐步增长的，但狼都是协作捕猎的。因此，每只狼的报酬，也具体反映在狼群每天的捕羊数上。绩效考核中的“量化”，是指考核标准要明确，用数字化去衡量和体现。只有被量化的考核标准，才更容易更高效地执行。

2.3.1　让每一个目标实现数字化管理

某家创新型企业，凭借先进的管理理念，在金融领域不断拓展产品和服务，成为市场的领军者。

管理的先进性体现在绩效考核和绩效管理上。这家企业从平凡做到卓越的原因在于，企业非常重视对职能部门的绩效考核，他们将考核的重点放在目标的设计上，使其尽量实现量化。

在公司内部，上至董事长，下到普通员工，每个人都会有一个非常详细的“方针目标”计划，以及实施状况的总结。

该公司在绩效考核上施行自上而下的目标分解，公司董事长的目标是“使公司整体业务扩大，充实组织”。管理部门作为公司的主要职能部门之一，在这个基础上制定了自己的量化目标：管理、采购等后勤业务的进一步规范化、效率化；招收新人制度的效果。同时，管理部门还制定了详细的目标数量值，分配给相关员工。

这些指标落实到员工身上，对每个员工的绩效考核，都要求以数据来表示，如办公耗材的削减，必须在某月份之前达到削减百分之多少的目标。完善人才培训体系也要具体到哪个月份之前做哪些具体工作，预计将达到什么效果等。

每周，员工都需要将自己的目标和实际业绩以图表的形式交上来，并详细解释自己为了完成目标做了哪些努力，采取了哪些措施，产生了什么结果，并总结原因。

由上面案例可以看出，企业日常管理的所有环节，办公管理、收益核算、绩效改进等，都需要用数字来标示。数字化管理是企业进行绩效考核前所必须掌握的技能。量化，作为科学管理的一种重要体现，同样受到越来越多企业的重视。那么，追求量化应该成为企业在实行绩效考核过程中的关键因素。无论是整个企业或企业内部的部门，在做考核时要保证目标一定是具体可量的。

2.3.2 如何实现目标的可量化

实现目标的量化方法很多，我们来分别介绍一下。

1. 结果量化法

结果量化指的是任务完成情况要直接转化为数字或比例的结果，如频率、利润率等量化指标。我们以财务部门中的会计的绩效考核量化指标为例，见表2－1。

表2－1　某财务部门的绩效考核量化指标

考核事项	考核指标	评分标准	考核频率
核算正确无误，为其他部门数据参考提供有效依据	核算 错误率	错误率不超过×%，超过要求比例后，每超出×次，扣×分，超过×次以上差错该项得分为0	每周 每月

2. 达成情况量化法

达成情况量化是指将目标实际完成情况与事先计划目标任务进行比较，得出量化差异结果，例如计划达成率、目标实现率、落实率等。

以某企业生产部门为例，见表2－2。

表2－2　某企业生产部门达成情况量化指标

考核事项	考核指标	评分标准	考核频率
目标实现情况	事先计划完成率	完成率为计划的××%，每低出1个百分点减1分，完成率低于60%时，该项得分为0	每周 每月

3. 频率量化法

频率量化方法是指根据完成任务的次数或行为表现得出结果的方法，其包括任务完成及时性、出错次数、完成次数等量化指标。

以工作报告上报及时性为例，见表2－3。

表2－3　频率量化指标

考核事项	考核指标	评分标准	考核频率
报告按时上报情况	上报及时性	未及时上报次数不超过3次，每超出3次扣1分，出现5次未及时上报，该项得分为0	每周 每月 季度 项目

4. 余量控制法

余量控制是任务完成后计算剩下工作余量的一种量化方法，如欠款余量控制、应收款余量控制等。

以欠款余量控制率为例，见表2－4。

5. 分段赋值法

分段赋值是指对工作完成情况设定双向区间，通过对应的区间直接找出考核结果分值的方法。

以“生产计划完成率”为例，见表2-5。

表2-4 余量控制法量化指标

考核事项	考核指标	评分标准	考核频率
欠款追回情况	欠款余量控制率	欠款余量为0，该项得分为满分，预算余额超过考核当期销售收入的20%，该项得分为0	季度 年度 项目

表2-5 分段赋值法量化指标

考核事项	考核指标	评分标准	考核频率
生产目标产值实现情况	生产计划完成率（A）	（1）A≥__%，本项得满分 （2）__%≤A<__%，得__分 （3）__%≤A<__%，得__分 （4）__%≤A<__%，得__分 （5）__%≤A<__%，得__分 （6）A<__%时，该项得分为0	月度 季度

运用分段赋值时，一定要考虑到企业的实际情况、设置的区间及其对应分数设置的合理性、公平性。这种方法适合运用到难以量化的考核项，如工作态度、工作能力等。

6. 排名量化法

排名量化法是指工作完成后，进行数据排行的一种方法。我们以上所说的三榜，就属于排名量化法，在实际应用中，排行榜是目标量化的重要方法之一。

以员工团队合作考核为例，见表2-6。

表2-6 排名法量化指标

考核等级	优秀	良好	合格	一般	较差
比例	70%	60%	50%	30%	20%
考核得分	100分	80分	60分	50分	40分

7. 关键行为量化方法

细节决定成败。关键行为量化是指将工作完成过程中的关键行为给予分值的一种计量方法，这种方法通过寻找工作根源给出结果分值，重视细节对工作中的重要意义。

以“来料检验准确性”为例，见表2－7。

表2－7　关键行为量化指标

考核指标	关键行为	权重	评分标准	得分
来料检验准确性	来料检验出错次数		目标值为出错次数不超过×次，每超出目标值×次扣×分，出错×次以上本项得分为0	
	来料质量合格率		合格率目标值为××%，每低出目标值×个百分点，减×分，合格率低于××%时，本项得分为0	
	来料检验完成及时性		目标值为延误次数不超过×次，每超出目标值×次扣×分，延误×次以上本项得分为0	
	合计			

8. 时间维度量化方法

企业可以从工作的实效性入手，量化考核目标，如工作开始时间、完成时间、期限天数、进度、周期等考核指标。

时间维度量化首先是工作的进度量化，进度量化是指在完成任务过程中对绩效完成时间进行控制。

以对账工作考核为例，见表2－8。

表2－8　时间维度量化指标

考核事项	考核指标	评分标准	备注
及时完成与经销商的对账工作，保持经销商账务清楚	及时发出对账通知单，10天内完成对账工作	每延迟×天，扣×分，延迟×天以上，本项得分为0	如遇法定节假日，则期限顺延

在量化考核指标的过程中，需要注意以下几个方面的问题：

第一，定量考核指标一定要科学、合理。例如，某公司一段时期内员工流动性较大，这个公司的人力资源部门为此专门为自己的考核目标增加了“关键人才流失率”这一项。看似合理，但却南辕北辙。关键人才怎么定义？岗位流失的原因有哪些？这些问题细究起来非常复杂，不是一项考核指标就能够回答的。

第二，量化指标一定要保证数据信息准确。制度是人定的，我们在指定考核时尽量使其天衣无缝，但没有漏洞的制度几乎是不存在的。因此，要想方设法让考核人和被考核人不钻数据的空子，让数据的可靠性得到保证。

绩效管理的最终目的是改善员工的绩效。从这一点出发，量化指标的建立，也只是一种参考。我们不能“唯数字论”，而应该通过量化数据反映出的问题，去与他们沟通，对他们进行辅导，以期完成最终的改善。

视频6　考核指标太多，员工就不会重视考核结果了

扫码看视频，告诉你为什么考核总是无疾而终。

2.4　绩效考核应该有一定的过渡

每个绩效考核制度，都有一个相对过渡阶段。这是因为绩效考核制度由提出到成熟，都会存在很多问题。因此，在正式制度成熟之前，企业应该提出一项初步的考核计划，让员工熟悉考核氛围，确立考核观念。

2.4.1　考核制度何以让员工怨声载道

曾经有一位企业老板，离过年还有一个星期，匆匆忙忙找到我："眼看快过年了，单位要发放年终奖，但是按照考核标准做出来的奖金方案，员工却纷纷抱怨。"

原来，这个老板年初夸下海口：只要今年业绩好，大家好好干，到年终一定给大家发年终奖，多劳多得。这一年，公司的员工都非常努力，公司业绩也不错。但在说出这句话之前，这个公司在具体的考核标准上一直没有制定相应的规章制度。没有标准，怎么发放奖金呢？所以，原来很好的初衷，却一拖再拖。原本应该年底发放的年终奖，拖到了次年 1 月，眼看农历新年就快到了，员工们开始议论纷纷，说年初老板答应发的年终奖是在"忽悠"大家。

这些话很快传到了这位老板的耳朵里，作为企业的老总，怎么可以言而无信呢？但是拿什么作为年终奖的依据呢？于是，这位老板让人力资源部马上拿出一个绩效考核方案，否则人力资源部所有员工的年终奖停发。

可想而知，人力资源部在这样的压力下，仓促拿出的是个什么样的考核方案——既无事前协商约定，又无调查研究。结果方案一出来，几乎所有的员工都不接受。

这个案例非常典型，很多企业都或多或少地遇到过这种情况。在绩效考核制度还没有成熟的阶段，老板没有真正重视绩效考核，从而把绩效考核简单定义为一种对员工能力和态度的肯定和奖励，而没有关注员工的行为。而实际上，员工的能力、态度只是表现，真正需要做的是对这些表现运用考核工具做进一步的审核，得出符合事实的结论。而正是这种片面的观念，导致了绩效考核工作的失败。

2.4.2 强制分布法和部门绩效池

很多企业绩效考核失败的原因，多是错误理解和运用了“强制分布法”。“强制分布法”主要以结果为导向，而不是以行为为导向，而在实际运用中，很多企业的考核都存在严重的偏差。

强制分布法又称为“强制正态分布法”“硬性分配法”。这个方法是根据正态分布原理，也就是我们通常所说的“中间大、两头小”的分布规律，预先确定评价等级以及各等级在总数中所占的百分比，然后按照被考核者绩效的优劣程度顺次排列，将其列入对应的等级。

在强制分布法的应用过程中，要注意以下几个问题：

首先，为了鼓励员工客观准确地进行考评，对同事的考评排列次序，与最终结果的排列次序最接近的若干名员工，应该得到提升考评等级等形式的奖励。

其次，员工的考评结果不应在考评当期公开。同时，奖金发放也应秘密进行，以保证员工的情绪。

但是，各个部门的考评结果应该是公开的，以促进部门之间的良性竞争（图2-2）。

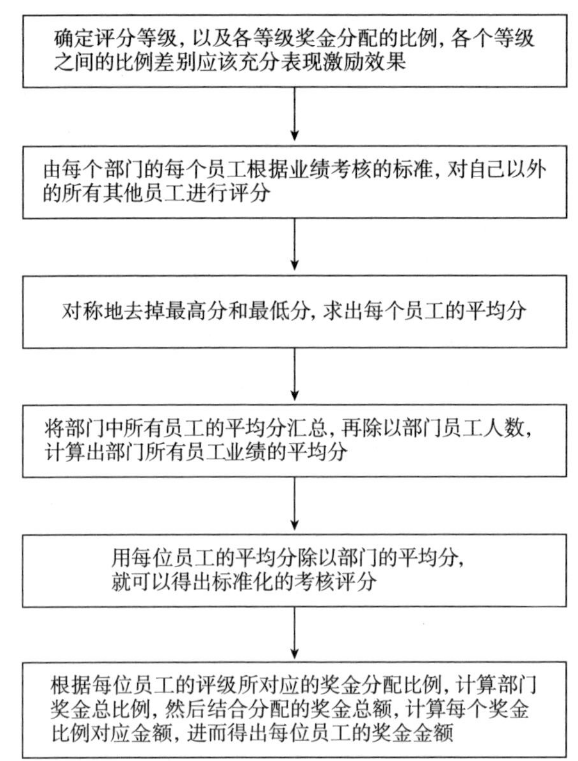

图 2－2　强制分布法考核流程

强制分布法有着很明显的优缺点，我们可以进行一下对比，见表 2－9。

表 2－9　强制分布法的优缺点

强制分布法	优点	缺点
等级清晰，操作简便	等级划分清晰，简单计算即可得出结果	只能把员工分为有限的几种类别，难以具体比较员工差别
刺激性强	对绩效优秀的奖励幅度大，对绩效较差的惩罚幅度也很大	如果业绩水平事实上不遵从所设定的分布样式，那么进行硬性区分容易引起员工不满
强制区分	由于必须按比例区分等级，可以有效避免评估过严或过松的现象	个别组织存在老好人战略，不能体现强制区分的真正用意

在绩效考核还不成熟的前提下，我们可以采用“部门绩效池分配法”。这种绩效核算方法相对于“强制分布法”来说，比较简单。首先，企业需

要确定的是部门绩效池的总金额。计算方式为：

总金额 = Σ（部门人员岗位工资 × 绩效系数）

按照员工的岗位工资及绩效系数，得出每一位员工绩效薪酬，而后进行求和后得出绩效池的总量。考核不合格的员工绩效为0。

接着，每位员工的绩效从低到高排列为C1…Cn，则C1为绩效的基础值。对应的参考系数为D1…Dn，每位员工的岗位工资为A1…An。设调节系数G，G的作用是调节D1…Dn之间的差距，G的数值越大，则员工的岗位工资之间的差距就越大。那么参考系数D1…Dn的计算方法为：

D1 = 1；Dn =（Cn − G）/（C1 − G）

而一般G在得到参考系数D1…Dn之后，根据每一位员工的岗位工资及系数，得出基准相对比例，设为S。计算方式为：

S = 资金池总额/Σ（部门人员岗位工资 × 参考系数）

最后，根据S以及绩效池总额，得出每位员工的绩效薪酬：

员工绩效薪酬 = 员工岗位工资 × 员工参考系数 × S

企业的绩效考核制度应像一条河流，如果水流太湍急，就会引发灾难。太缓慢就容易干涸。因此，建立绩效管理体系和考核制度，一定要把握好过渡这个关键时期，用切实有效的绩效调节，让员工熟悉绩效，为正式绩效制度最终确立和完善赢得时间和空间。

2.5 目标一定是切实可行的

很多企业绩效考核存在的问题，就是把标准定得过高或过低，结果不切实际，严重脱离了市场环境和自身基础。企业最终要做的是利用绩效得到员工的整体提升，而不是让员工因为收入差距过大而产生心理失衡。管理是管众人之事，应该让所有员工都有获得感和上升的空间。

2.5.1 考核标准忽高忽低

某地一家大型企业，是改革开放后发展起来的一波民营企业之一，年产值在30亿元左右。近年来利润有所下滑，公司管理层商量，这可能和公司原有的绩效考核制度失灵有关。于是，管理层决定制定新的绩效考核制度，提高绩效工资在员工收入中所占的比重。

于是，新的考核标准出炉了，见表2-10。

表2－10　某企业的绩效考核

评级	分值区域	工资系数	说明
A优秀	90~100分	2.0	1. 连续3次获得A或B，薪酬提高 2. 连续2次获得D的，薪酬降低，管理干部留职察看 3. 连续3次得D或者两次E的，作辞退或降职处理
B良好	81~89分	1.7	
C达标	70~80分	1.2	
D未达标	60~69分	0.8	
E差	60分以下	0	

通过一段时间的考核，管理层对这个方案实施的效果并不满意。高层管理者觉得考核结果不能为激励员工和职业的发展作出很好的依据；中层管理者认为考核指标量化不够，很难操作；员工觉得考核结果不够公正，直接影响了工作态度和情绪。

那么问题出在哪儿呢?

一方面，70分就达标，让很多员工躺着就能拿到目标工资。但另一方面，要从70分到90分，从达标到优秀，中间分值差了20分，而从未达标到达标，却只差了10分，可以看出，评分标准存在很大的跳跃性。这给那些业绩未达标的员工提供了“浑水摸鱼”的条件，又极大挫伤了业绩达标员工的工作积极性，因为20分的差距，是很难跨越的。因此，这家企业的评分标准不切实际。

此外，工资系数上也存在严重问题。我们可以看出，从良好到优秀的系数差只有0.2，而从达标到良好却差了0.5分，系数的差距直接体现在了绩效收入上。员工会想：明明自己达标了，但是收入差距却和良好差得很大；反之，自己和未达标的收入差距却只有0.4!

很多企业绩效考核之所以很难达到预期效果，就是因为绩效目标设置得过高或过低。不切实际的绩效目标，非但不能起到引导和激励的作用，反而可能打击员工，致他们迷失方向。这就要求企业管理人员或绩效考核负责人在整个绩效目标的制定过程中，认真学习别人的成功经验，结合公司的实际情况，来解决考核中遇到的问题。

2.5.2 怎样的考核标准才切合实际

1. 符合企业战略

我们多次提到，绩效目标的来源是企业的发展方向，企业的一切工作都要在发展方向的指导下来进行，这就要求企业在制定绩效目标时，予以充分的考虑。企业管理者必须对企业中长期的战略发展有明确的认识，切忌急功近利、好高骛远，制定出适得其反的考核标准。

2. 符合市场环境的变化

企业对绩效目标的设定，也要符合市场环境的变化。原材料价格、渠道成本等，都制约着企业目标的实践。因此，根据市场变化随时调整企业绩效目标，尤为重要。

某公司年初制定绩效目标时，认为本年度市场对产品需求量适中，价格会出现小幅度降低，原材料的价格也会相应降低。据此制定了生产部门的绩效目标：产量目标增加 15%，原材料的需求也比去年增加 10%，而且根据产品需求量计算，价格会降低。

然而到了 6 月份，由于产品在市场上的产量提高，原材料产量供不应求，发生订货困难，原材料价格开始大幅度提高。在这一前提下，公司果断对年初的绩效目标做了调整，首先强调二季度只生产产品 6000 吨，比原目标减少 2000 吨。而给予销售部门的绩效目标从年初的 1000 万元提高到 1500 万元。

3. 符合绩效考核发展目标

企业的绩效考核要和企业的选拔与招聘、晋升和降职、奖励和奖惩三方面目标保持一致。

针对不同的目标，要制定与之相适应的绩效目标、考核计划、关键指标和流程。例如在选拔和招聘方面，要注重考核员工的工作合格率和效率，比例各占 50%。

4. 进行岗位分析

评价岗位的价值是绩效考核的主要方面，是做好绩效考核工作的前提。

岗位分析是对公司的每个部门、岗位进行科学认真的调查分析，从而获得可靠的资料和依据，并在此基础上形成岗位说明。岗位分析是进行岗位价值评定的重要依据，能够给人力资源的战略管理提供参考，同时也为绩效考核提供 KPI 打好基础。

5. 确定绩效理想的考核方案

考核方案的设计关系到整个企业每一个部门、每一位员工实实在在的利益。考核方案需要管理层、部门负责人、间接领导、员工等共同参与。考核结果要及时反馈给员工个人，并进行面谈。

企业的目标来源于企业的真实情况，也来源于客观的认识规律。目标应该是“摸得到，够得着”的。因此，绩效目标是一把尺子，有尺子就要有尺度，没尺度的目标最终会沦为异想天开，害了整个企业。

2.6 考核一定要是可控的

绩效考核的目标，既符合工作需要，也要在自己的可控范围内。这里包括两方面的内容：无论何种标准，都要在一定的期限内达成才有意义，因此，考核一定要合理地做出时间控制。对于不可控东西，不要写在标准里。

2.6.1 考核要明确截止期限

某咨询公司，主要业务是为客户提供信息咨询服务，该公司的人事部做出了如下考核标准（见表2－11）。

表2－11 某咨询公司的考核标准

职位	序号	考核标准
客户代表	1	寻找目标客户
	2	提高销售量
客服人员	1	提高电话接听量
	2	提升客户服务满意度
	3	按时完成销售计划

这样的考核计划存在着严重的问题，最突出的是在考核目标的期限上不明确。考核目标缺乏时间控制，实施的效果可想而知。

我们前面讲过绩效考核要遵循的SMART原则，其中的T就代表着完成考核目标的时限性，那么将该公司的考核目标稍加调整，使其量化，导入时间控制，就形成了下面比较完善的考核计划（见表2－12）。

表2－12　导入时间控制的考核标准

职位	序号	考核标准
客户代表	1	每周寻找目标客户10位，并发展一位客户
	2	完成销售量200万元任务，每周应完成5万元销售任务，回款率应达到80%
客服人员	1	提高电话接听量，于×月×日前按照公司规定百分之百完成任务
	2	提升客户服务满意度，本月内确保零投诉
	3	完成销售目标100万元，回款率达到50%

没有时间限定的考核是没有意义的，因为这些目标在什么时间完成没有做出明确规定，规定时间内完成是否有奖励，延后时间完成又该怎么惩罚，没有标准去衡量。绩效目标的管理，是为实现某种目的而设立的，只有在时间上加以限制才能让所有员工去执行，才能产生预期的效果。

很多企业把绩效考核的时间限制拉得很长，例如一季度、一年，并列出短期、中期和长期计划。但结果证明，这种考核是不成功的。考核应该是每天、每周都在进行的管理系统，如果时间拖得过长，那就必然导致公司管理上的混乱。

张瑞敏在海尔提出了“OEC管理法”，并沿用至今。“OEC管理法”其中最重要的环节就是日清控制系统，它将员工的绩效考核周期控制在每天，真正做到了每天有考核，周周有总结。这样有效地避免了外界因素与心理因素对绩效的影响。

很多企业在资源和规模方面不如海尔，但集中人力资源将考核周期缩短到每周，应该是都能做到的。而对于那些工作周期超过考核一周的工作，也需要进行考核。在实际工作中，工作周期在一周以上的工作不在少数，如果企业等工作全部完成后再进行考核，这是对绩效考核还缺乏理解的表现。因为绩效考核不单单是结果考核，更是对行为过程的考核，控制过程与考核结果同样重要。

对行为过程的考核可以准确获得员工的工作效率，将失误率降到最低。这种跨考核周期的工作可以设定工作完成率、阶段工作质量达标等考核指标。

2.6.2 考核内容必须可控

很多企业绩效标准的设立过于简单，不易进行相对客观的考核。很多中小企业片面追求指标的完整性，绩效考核中常常包含工作态度、精神面貌等一系列主观因素，可谓面面俱到。实际上，这种主观的考核标准造成了“眉毛胡子一把抓”，并不能提高工作绩效。

此外，很多中小企业别出心裁，将很多次要的考核标准考虑了进来。绩效管理，需抓住 KPI 这个牛鼻子，针对员工的不同职责、不同特点建立考核标准，这样能够避免员工的行为产生过大偏差，从而造成企业的损失。

某公司为了鼓励员工与客户多沟通，对每位员工制定了这样一个奖惩规定，并列入到绩效考核当中：一个员工如果每月话费不满 300 元的话，不予报销；超过 300 元给予奖励。

当然，为了避免员工拨打私人电话，造成浪费，最后报销凭证一定要有本月的电话拨打记录。并且规定私人电话费用不能高于 50 元。但这样一来，依然产生了反作用。很多人到月底话费不到 300 元，开始不分时间、不分地点地打电话骚扰客户，引起客户的极大反感，很多客户都向公司进行了投诉。管理层很纳闷，本来是好心，结果怎么会变成这样呢?

也许很多人看了这个案例，觉得十分荒唐，但是扪心自问，我们是不是也犯过类似的错误呢?

首先，“多与客户沟通”本身就不是一项可控的考核内容，因为它不是一个可以拿来衡量的“结果”。其次，用“电话费”的多少来简单地考核“与客户沟通”，不在可控的范围之内。如果再增加一些更加细化、便于控制的标准，例如“沟通记录表”“客户往来清单”，对沟通时间、次数、内容做进一步的明确，就能起作用。

类似的错误在绩效考核中相当普遍。在实际操作过程中，尤其是在确定绩效考核内容上，人力资源部门经常感到头痛。那么到底该怎样确定绩效考核的内容呢?

1. 加强绩效指标的审核

企业要加强对指标内容的审核把关，做到部门之间相对平衡，职责任务基本对等，对考核指标模糊、不量化、不具体的，要及时纠正，确保考核指标的可行性。

2. 在指标考核上力求易操作

绩效考核表要做到清楚明了、定量准确，完成多少任务额，达到何种程度，都要有具体的描述和规定；要使员工对任务心中有数，让考核部门在考核过程中一目了然，这样更利于考核，易于操作。

只要围绕这两点即可成功制定出符合企业、员工的绩效考核标准，而且无论市场怎样变化，也无论出现什么突发情况，只要抓住这两点，考核标准就在可控范围之内。

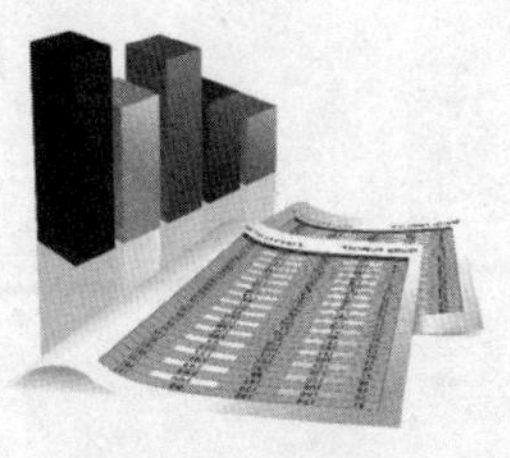

第 3 章
建团队：考核有团队，万事有准备

绩效考核需要一个精干的团队来负责具体建设和改善工作。这就首先要求团队的领导者和成员对本单位各部门的工作业务非常熟悉，了解彼此的能力，分清各成员的定位和职责，制定团队工作的进度、时间表，评估工作风险，确保绩效考核的有效实施。

3.1　没有团队无法形成力量

《西游记》的故事大家都知道，实际上，唐僧师徒就是一个高效的绩效团队：唐僧是整个绩效团队的核心和领导，决定取经的流程；孙悟空是取经路上的开拓者和执行者，相当于 HR 主管；猪八戒是这个团队的中层领导；而沙僧则是这个团队的行政人员。成功的组织，也必须具备以上几方面的人，优势互补，目标一致，团队融洽，才是绩效考核能够成功的关键。

3.1.1　什么样的人能进入考核团队

考核团队的工作是制定考核制度，而制度推行的关键是人。选择什么样的人进入绩效考核团队，决定了日后绩效考核的工作能否顺利推行。

在企业里，设立绩效考核团队，除了绩效专员外，其他人员都为兼职。一般来说，绩效考核的最高领导往往都是由董事长、总经理这样的高层来担任，这是绩效考核能否推行的关键所在。然而涉及团队其他成员的组成，部门之间，岗位之间，工作侧重不同，人员的特点也不相同，这就为团队人员的选择提出了一个课题：是选择在公司威望较高的管理人员，还是选择更适合做绩效考核的工作人员呢？

某公司为了推行绩效考核制度，专门组成了绩效考核团队，团队构成如下，见图 3 - 1。

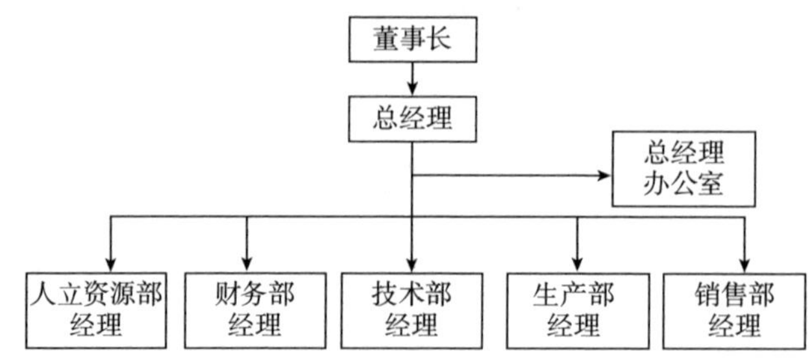

图 3－1　某公司的绩效考核团队

将各部门中层领导都包含在绩效考核团队内，看似合理，但在实际操作过程中，却出现了问题：

（1）部门经理上阵，亲自做绩效协商，员工虽然有意见，却不敢说出来，造成绩效考核制度有了偏差。

（2）有的部门领导对绩效考核制度本身就很有看法——自己思想都没做通，如何去做别人的工作？

（3）部门领导虽然思路清晰，但却无法和本部门员工进行有效沟通，通常就是用权力压人，让员工不得不接受。

考核团队工作要能够推行，首先必须要有“口才”。这里的“口”字，指的是能够真正理解绩效考核意图，并能通过自己的表达，与公司员工做到高效沟通的人员。前文我们提到，约定考核制度，协商沟通这一环节至关重要。把中层领导纳入到考核团队中来，未必能起到沟通协商的作用。必须找一个普通员工的代表——能够站在普通员工的角度理解绩效考核的人。这对于其他普通人员来说，更具说服力。

这里的“才”，指的是团队成员必须具备组织、调配公司资源的能力，这样才能够给绩效考核提供足够的人力、物力、财力方面的支持。具备了这些能力，才可以在绩效团队内发展。

组建团队，要遵循“123”原则：一个领导，两个精英，三个或三个以上机动人员。

“1”——不管是绩效考核团队，还是其他团队，没有一个合格的管理者，是不可能有好的发展前景的。管理学有预言故事《狮子和羊》：一头狮子带领一群羊，这个团队一定能打败一头羊带领的一群狮子。其实对一位绩效考核团队的领导来说，需要具备果断的决策力及统筹宏观的策划能力，以及清晰的条理分析和指导能力。

“2”——两个精英。这是考核团队成功的保证。根据“二八”原则——20%的精英产生80%的业绩。精英往往具有共同的特点，那就是积极主动、善于寻找方法，而不是靠经验和威望。

对于绩效团队而言，管理者本身就是公司的决策者。而绩效考核团队的精英要一定程度上具备管理和创新两项能力。用企业内部的精英来负责绩效考核具体的执行，在很大程度上避免了人心浮动。精英们了解企业内部工作的流程，可以避免给被考核的员工带来过大的指标压力。

“3”——三个机动人员。三个机动人员，可以选择业绩和能力等各方面表现平平者。这些人实际上是很多企业的大多数。绩效考核的意义正是在于提升这一大多数员工的业绩。而在现实中，绩效考核制度也往往最容易忽视这些员工。

在开始挑选团队成员前，要细致地分析团队的特点，包括所需人员的优势，然后对团队候选人进行面谈，让候选人描述一下对绩效考核工作的期望，以及自己的职责，要达到的标准。通过其反应，了解候选人能承受多大的压力和挑战。

3.1.2 建立绩效考核推行委员会

正确的绩效考核团队，应该是按照岗位需要选择成员，而不是出于“办公室政治”的需要。因此，只要有董事长和总经理掌舵，绩效考核成员应该是按照工作需要从公司内部公开选拔和招募，共同组成一个高效的绩效考核推行委员会（图3-2）。

（1）主任：由董事长或总经理担任，负责公司战略的制定。

（2）副主任：协助主任建立绩效考核制度，通常由副总经理或人力资源部门经理担任。

（3）执行长：具体执行绩效考核设计，一般由人力资源总监担任。

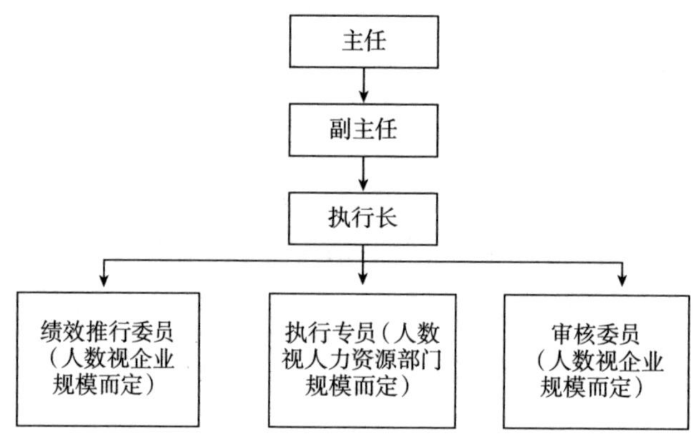

图 3－2　绩效考核推行委员会

（4）绩效推行委员：向各部门宣传绩效考核理念，制定制度框架，收集绩效考核反馈意见等。人员通常从各部门抽调熟悉各业务职责的人员担任。

（5）执行专员：执行绩效考核的协商沟通、反馈工作，通常由执行力强、口才好的人员担任。

（6）审核委员：审核绩效考核制度是否科学、合理，一般由资深 HR 和资深财务人员组成。

只有不同特点的成员协同合作，绩效考核团队才能发挥出更大的能量。因此，挑选绩效考核团队成员的时候，要注意克服那些可能会影响团队人际关系和团队绩效的因素，要通过规范的选人标准和程序来组建考核团队。

3.2 是团队，不是群体

现代企业管理主要有两种表现形式：一是工作群体，二是工作团队。所谓工作群体，是指领导不与团队成员沟通、商量便直接发号施令，并勒令团队成员按照自己的指令做事。而工作团队，是指领导在与团队成员进行大量的、高品质的沟通与互动的基础上，做出决定或发出指令，团队成员按照决定或指令行事。两者的本质区别在于：前者是领导者专断独行，后者是领导者与下属群策群力。

工作团队与工作群体有什么区别呢？举例来说，一个刚成立的公司，管理层两个人，普通员工有 5 个人，而这 5 个人都是刚刚毕业的应届毕业生，经验不足。这时候，领导者就没必要先和这 5 个人沟通商量，只要直接下令即可。

此时，管理者就像保姆，而下属就像孩子。这就属于工作群体模式，而非工作团队模式。同样的道理，随着下属对工作越来越熟悉，领导不能再事事做主，而应该多和下属进行沟通商量，否则，下属就丧失了独立思考和自主性。这样就需要形成工作团队协调配合、统一思想。

可以看出，工作群体适合于刚刚开始创业的公司的初始状态，它只是一种临时性质的安排，大多数团队都需要从工作群体过渡到工作团队。

对于绩效考核团队来说也是一样。团队成立之初的工作，例如收集材料、整理数据之类的工作，需要绩效考核的管理层下达明确的指令，然而这个阶段过去后，在考核制度细节搭建上，需要绩效考核团队成员的互相交流，出谋划策，不能管理层头脑一热，就按照自以为是的想法去建立考核制度。

但也有在团队建立之初就成为工作团队的，例如阿里巴巴。

马云创建阿里巴巴时，有18个忠诚的追随者，人称“十八罗汉”。公司成立之初的每一个决定和策略，都是马云和这18个人共同商量后做出的。在创业过程中，马云遇到过各种挫折和磨难，但这18个人始终不离不弃，为他出谋划策。最终，阿里巴巴成长为全球著名电子商务企业。可以说，没有当初的这种工作团队模式，就没有今天的马云，更没有今天的阿里巴巴。

现在有很多企业为了搞好绩效考核，花重金聘请“外援”。由此看出企业之所以不能做大做强，不是缺钱，而是缺人。实际上，企业完全可以挖掘本企业的人才，打造高效的绩效考核团队。问题是，企业一直采用工作群体这种管理模式，领导者一直在用他一个人的脑子指挥所有成员，没有给别的员工足够的发挥才能的空间和平台，没有创造一个相互沟通的氛围，团队成员的能力得不到培养。这样一来，公司自然就无人可用，这样的公司也很难在管理上获得突破。

任正非曾提出过“去英雄主义”的理念。他认为，企业不应该是个人主义盛行，而要把提高团队成员的整体能力作为自己的目标。

实际上，任正非所提倡的就是工作团队管理模式。在绩效考核团队适宜采用工作团队这一管理模式。因为绩效考核团队所面对的环境比较复杂，光靠管理者一个人的脑子可能很难应对，所以只有群策群力，大家一起出谋划策才能找到解决问题的好办法。群策群力能使团队的反应速度加快，相应地处理问题的能力也会得到提升。这样的团队适应能力会很强。正所谓“适者生存”，团队适应能力强对企业来说是很大的优势。

此外，绩效考核需要人力资源部门的专业人才。因为专业人才对思考空间和决策空间的渴求都比较大，而工作群体这种模式却压制了人的思考空间和决策空间。如果一个人力资源部门的专业人才，在绩效考核制度设计上有自己的见解，但却只能听领导的，时间长了成员会如何？会消极怠工，会深感没有施展才能的空间。

作为绩效考核团队来说，采取适宜的管理模式，才能激发团队的凝聚力和协作力，也只有这样的团队，在绩效考核制度设计中才能发挥作用，真正提高员工的业绩。

3.3 明确职责和权限

绩效考核团队要理顺企业内部的岗位职责及考核标准，首先要明白自己的职责、权限和分工，特别是标准作业程序（SOP），绩效考核团队首先要确立自己的SOP，有了职责和权限，做事才能有条不紊。

3.3.1 绩效考核委员会的SOP

1. 主任、副主任职责

（1）负责绩效考核制度的总体设计；

（2）负责公司绩效管理的颁布及绩效考核KPI的审批工作；

（3）负责公司绩效考核结果及绩效工资的审批；

（4）负责绩效考核制度在公司的全面实施；

（5）解决绩效考核制度在施行当中存在的问题。

2. 执行长职责

（1）起草绩效考核管理办法，制定绩效考核KPI；

（2）按期进行绩效考核，负责组织绩效考核的协商会议；

（3）收集、评估绩效考核数据，审查绩效考核结果，向主任、副主任提交《绩效考核评估改善报告》；

（4）组织检查各部门绩效考核面谈；

（5）绩效考核的宣传与培训。

3. 绩效考核委员会推行委员职责

（1）负责监督绩效考核各项工作的落实情况；

（2）负责评估绩效考核过程中考核专员的推进成效；

（3）负责监督各部门是否有效推进绩效考核；

（4）负责提交绩效考核过程中不合理KPI指标的调整方案。

4. 绩效考核委员会推行干事职责

（1）负责制订公司考核的时间计划；

（2）负责公司各岗位KPI的确认；

（3）负责公司考核数据的收集、检查并处理绩效投诉的面谈工作；

（4）负责绩效考核的宣传；

（5）负责协助执行长工作；

（6）负责公司绩效考核管理委员会议的召开；

（7）负责公司各项绩效工作的落实。

5. 绩效考核委员会审核委员职责

（1）负责收集各考核部门的数据并汇总；

（2）负责绩效考核数据真实性的审核；

（3）负责向主任、副主任提交《绩效考核审核报告》；

（4）负责绩效考核数据的定期对比分析。

某公司绩效考核推行委员会的岗位职责，参见表3-1。

表3-1 某公司绩效考核推行委员会推行委员岗位职责

绩效考核推行委员会岗位职责

编号：

所属组织	绩效考核执行委员会	所属部门	人力资源部
组织内职务	推行委员	部门内职务	招聘专员
组织内上级	执行长	部门内上级	人力资源部总监
岗位级别	主管级	薪资等级	

续表

本职：1. 根据公司经营战略，协助总监完成公司新员工招聘、面试、正式录用方面工作；
2. 负责编制面试资料卡；
3. 通过对面试人员的面试及技能测试，完成评估报告，提交总监作为是否录用的参考。

组织内职责

1. 负责监督推行干事工作的各项完成情况；
2. 负责监督各部门绩效考核的推行情况；
3. 协调绩效评估中出现的各类问题、疑问及其他突发事件，并负责牵头解决绩效评估的复议；
4. 与审核委员共同负责审核各部门考核 KPI 的设立是否科学、合理，不合理之处应尽早写报告向执行长、主任、副主任做出解释说明。

任职资格要求

1. 工作认真，有良好的文字功底和较强的逻辑思维能力；
2. 熟悉各部门岗位职责和工作流程；
3. 有较高的执行力，能够及时并保质保量地完成工作；
4. 有一定的口才；
5. 应变能力强；
6. 熟悉国家人事政策、法律法规；
7. 了解商务礼仪、绩效评估、保密的相关法律法规。

凡事预则立，不预则废。绩效考核团队要形成凝聚力，就一定要明确分工，互相配合，将绩效考核的前期准备工作顺利进行下去。如果一个考核团队的效率很低，那么就算它设计再完美的绩效考核制度，也是缺乏公信力的，也必不能让其他员工所接受。因此，在职责和岗位分工方面，绩效团队一定要带好头，为员工做出示范。

3.4 人力资源部门各职位分工

人力资源部门是绩效考核团队中的重要组成部分。它主要负责与绩效考核执行委员会互相配合，负担绩效考核制定的部分任务。因此，人力资源部门的团队配合，也是绩效考核制度建立的保证。在激烈的市场竞争中，要保证企业占领人才和资本的制高点，一个高效、分工明确的人力资源团队至关重要。

3.4.1 人力资源是绩效考核的中心

将绩效做得有效，才能证明人力资源的价值。绩效管理和绩效考核，是证明人力资源在企业发挥价值的重要手段。因此，人力资源在绩效考核所占的位置，犹如一家飞机的中心控制室；绩效考核所需要的人力、物力和资源，都需要人力资源从中调配。

杰克·韦尔奇说过，人力资源高管应当是任何企业中的二号人物。IBM前任总裁郭士纳在上任之初，在打造自己的管理团队前，首选招聘的就是人力资源部门的高管。

很多企业都成立了绩效考核执行委员会，但是绩效考核执行委员会成员人选，需要人力资源部门配合来遴选。很多企业都选择把执行委员会执行长的职位交给人力资源总监来担任，那是因为人力资源部门可以有效地利用其自身的优势，去有效推行绩效考核的各项工作。绩效考核设计完成后，绩效考核执行委员会就不需要继续存在，与考核相关的工作全部转移到人力资源部，加以严格执行。

此外，在企业确定绩效考核的过程中，都要做岗位评估，而这个工作也只能由人力资源部门的成员来做。一般绩效考核的推行委员和执行专员，几乎都由人力资源部门的成员来担任。所以，人力资源团队之间的配合，就变成了绩效考核团队能够高效执行的关键。

3.4.2 人力资源部的主要职责

人力资源部的职责分为六个方面内容：人力资源规划、招聘与配置、培训与开发、绩效管理、薪酬福利管理、劳动关系管理。在绩效管理部分，人力资源主要承担着以下工作职责：

（1）负责拟定绩效管理制度；

（2）及时发放和上交各绩效统计表，做好各部门绩效考核数据统计分析工作；

（3）指导各部门、各成员公司实施绩效考核工作，核对考核结果，组织处理考核中出现的问题和异议；

（4）及时反馈绩效管理过程中出现的新情况，做好绩效分析报告。

可以说，有关绩效考核的所有工作，都是人力资源部的事情。人力资源部的负责人视企业规模大小，有的设人力资源中心总经理，有的设公司副总裁兼人力资源部总监。那么，人力资源部各职位的关系如何呢？见表3－2。

表3－2 人力资源职位的关系

部门经理	人力资源部门经理
高级主管	人力资源规划主管、绩效主管
主管	招聘主管、培训主管、薪酬主管、员工关系主管
专员	招聘专员、培训专员、绩效专员、人事专员
文员	实习岗位

从表3－2组织关系中可以看出，绩效主管在组织中的位置，人力资源部经理是绩效主管的上级，绩效专员是绩效主管的下级。从工作关系上，

绩效主管与其他主管是平行关系，但从职业等级上看，他还要比其他主管高。这样有助于我们正确划分绩效考核中的组织者、考核主体、考核客体等在绩效考核中的职责，对于推行绩效考核的开展，塑造绩效文化有着重要意义。模糊的职责定位，必然会导致绩效考核的责任推诿。绩效考核是自上而下的涉及全体员工的管理活动，考核关系需要和管理关系相一致。

在考核执行过程中，人力资源部作为组织部门，对考核制度、考核技术的科学性和实用性负责，同时为各级考核执行者提供了技术指导，但不直接对员工进行考核。企业在绩效考核的组织结构和职能划分的设计上，要最大限度地发挥本岗位的职责权限。

全员绩效考核是一个企业的目标，在实施绩效考核过程中，绩效考核人员与人力资源部其他人员有怎样的交集呢？见表3－3。

表3－3　职责划分

职位	与绩效考核有关的工作
人力资源部经理	1. 审核《职位说明书》《绩效考核管理办法》《薪资管理办法》《人事管理制度》； 2. 与各部门负责人制定管理层人员绩效考核方案，报上级审批； 3. 审核并修改各部门绩效考核指标； 4. 审核各部门绩效考核指标； 5. 与管理层人员绩效面谈； 6. 对直接下级进行工作指导和考核； 7. 组织公司绩效总结及评估会议等。
人力资源规划主管	1. 提供绩效考核所需组织架构； 2. 编制《职位说明书》，规范工作流程，制定相关管理制度，为绩效考核提供规范文件； 3. 审核人员入职、离职、晋升、调动、请假等相关信息； 4. 负责人事专员的绩效考核评估等工作； 5. 与绩效主管沟通，协助完成绩效相关工作。
绩效主管	1. 制定《绩效考核管理制度》，上报审批； 2. 与部门沟通，建立公司各部门绩效考核指标体系，上报审批； 3. 分析各项指标考核情况，提出不符合指标的地方或指标的修改意见； 4. 与各部门、各职位负责人沟通，协调完成绩效考核的相关工作； 5. 负责下属绩效专员的绩效考核评估工作； 6. 协助人力资源部门经理完成绩效考核的其他工作事项。

续表

职位	与绩效考核有关的工作
招聘主管	1. 根据招聘中录用人员的实际情况，修订《岗位说明书》； 2. 员工离职时，与绩效主管沟通，了解离职人员的绩效考核评估结果，做好招聘准备工作； 3. 了解新招职位绩效考核指标，与面试人员沟通该职位绩效考核指标设定。
培训主管	1. 根据《职位说明书》了解新进员工与职位要求差距，定制培训计划，提升新员工能力； 2. 对绩效考核中评估较差员工，制定培训计划，提升其工作业绩； 3. 与绩效主管沟通，开展绩效考核相关培训工作。
薪酬主管	1. 制定《薪资管理办法》，完善公司薪酬标准，上报审批； 2. 与绩效主管沟通，按一定比例分职级统一设定绩效工资； 3. 统筹分析绩效激励方案，分配比例，控制人工成本； 4. 根据薪酬结构适时调整基本工资与绩效工资薪酬标准。
员工关系主管	1. 执行好劳动合同、员工须知及相关制度，特别是劳动合同中有关绩效工资的约定，要让员工签名确认，防范因此发生的纠纷； 2. 对因绩效考核原因离职的员工，最好离职前面谈，并将面谈信息与绩效主管、招聘主管进行沟通，做好人力储备及绩效改进工作。
招聘专员	1. 根据各部门要求，了解所招人员是否与绩效考核工作有关； 2. 了解新招职位绩效考核标准，与面试人员沟通该职位绩效考核指标的设定。
培训专员	1. 对新员工进行培训，帮助员工胜任工作并发掘员工潜能； 2. 对绩效考核中评估较差的员工，制订培训计划，提升其工作技能。
绩效专员	1. 统计汇总员工的考核成绩，进行考核成绩的分析； 2. 收集员工对绩效考核的建议，上报审阅； 3. 协助绩效考核的主管人员进行绩效考核工作； 4. 负责绩效考核中与财务的对接工作。
人事专员	1. 提报人员入职、离职、晋升、调动、降职、请假等信息，核算绩效工资； 2. 根据绩效考核成绩，提报评审优秀员工评比方法。
实习岗位	1. 在绩效考核中，协助人力资源部经理、绩效主管及绩效专员完成相关工作； 2. 做好部门会议记录，跟进与绩效考核相关的工作。

对于绩效考核来说，人力资源部门拥有其他部门所没有的优势，即协调能力、融合能力、判断能力、想象能力。因此，我们应该提升对人力资源部门的重视程度，让其在绩效考核中发挥战略性的作用。只有让人力资源部门各职位相互配合、紧密衔接，才可以发挥其最大效能，使绩效考核发挥最佳效果。

3.5 部门协调好，绩效水平高

推行绩效考核，是企业激励政策的重要组成部分，是推行企业文化，建立企业制度的保证。因此，这不但是绩效考核负责团队的责任，更是各部门、每位员工的责任。切实推动全员绩效工作的开展，需要各部门的工作到位和员工的理解认同。

3.5.1 绩效考核团队如何协调各部门

在考核委员会这个组织内部，除了人力资源部门和公司高管外，还需要各部门的成员担任绩效考核推行干事，与人力资源绩效专员一起，共同推动本部门绩效考核工作。在与各部门的协调配合中，不断完善绩效考核制度（见图3－3）。

（1）作为绩效考核的主要推动部门，通过参加考核者的培训，应全面掌握绩效考核的相关知识，成为本部门绩效考核的辅导者。

（2）各部门绩效考核委员会成员，应该配合公司绩效考核的推动计划，与本部门员工进行沟通，找出各岗位所有与工作相关的考核指标，分析指标中有哪些与实际工作关联度大，确定 KPI，总分为 90～100 分，依次分配工作权重。

（3）与员工进行沟通。依据公司绩效考核管理办法等文件及上年度或之前半年内的实际数据，确定所定 KPI 的目标值，此目标值一般要高于实际数据10%左右，具有一定的挑战性，经努力可以达到——但前提是这个目标需要与员工达成共识。

（4）绩效考核指标确定后，还需要各部门成员配合制定改进计划，绩效考核如果没有持续改进，指标就变成“空中楼阁”。所以，绩效考核推行干事要针对员工短板，与其他部门考核成员一起制定有效的改进计划，达成目标，增加员工的绩效工资。

（5）行本部门的绩效考核。根据考核结果，同人力资源部一起进行绩效面谈，向人力资源部提供建议。各部门在推行绩效考核的过程中，还要协调上级提供相关数据，并审核下级工作流程的真实性。

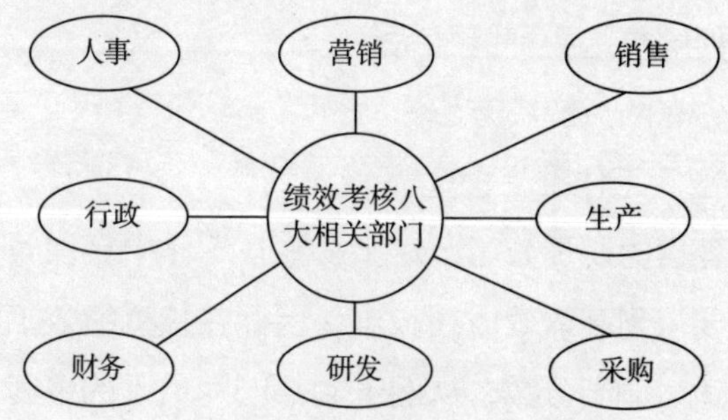

图3-3　绩效考核关联部门图

3.5.2　如何做好部门之间的绩效平衡

有一家制作加工公司，出现了各部门绩效失衡的现象。A部门的某员工，在部门内部业绩非常优异；而在B部门的某员工，工作业绩并不理想，一年下来，只完成了工作任务的70%，但由于A部门在整体绩效考核的水平偏低，因此，A部门的绩效工资总额比B部门低很多，最后导致A部门的这位员工，绩效工资低于B部门未完成全年任务的这位员工。

不仅如此，在绩效考核中，A部门和C部门之间也出现了不平衡。因为C部门负责人没有真正重视绩效考核，开始有意识地“放水”，部门人员绩效评分普遍偏高，造成了C部门绩效工资总额远远多于A部门。

如何让各部门绩效考核达成平衡，是令很多企业感到头疼的问题之一。由于各部门之间缺乏协调配合，绩效失衡，在企业绩效管理中常常引起矛盾。

从案例中，我们可以发现两个问题：

第一，绩效拉低部门内优秀员工的绩效。员工虽然业绩优秀，但由于所在部门绩效考核评分低，以致受了“拖累”，绩效考核出现失衡。如此，有失公平性原则，挫伤了优秀员工的工作积极性。

第二，各部门形成了既得利益和固化思维，认为自己的部门自己说的算，将绩效考核“高高挂起”，为了自己在公司的发展，无视客观事实，将部门内全员绩效拉高。

那么，该如何解决这两种情况呢？

针对问题一，有两点解决方法。

（1）明确各部门工作难易程度。

各部门都有各自的职责分工，对于那些在工作中允许差错率、工作风险大的部门，想要得到高绩效成绩较难，因此在核算绩效工资时，按照部门岗位属性应该适当调高分数，从而达到部门间员工的平衡。这样员工不会因为错误率而降低绩效工资，更不会因为比同样工作业绩人员拿得少而产生抵触情绪。

（2）同时确定员工的绩效工资、绩效成绩和部门岗位属性。

协调好部门间的绩效平衡，衡量部门岗位属性等都是关键点。对于不同大小、不同性质以及不同的部门岗位而言，各有不同，都需要进一步具体而细致地分析。

对于第二个问题，在绝大多数情况是，部门之间的考核指标都需要通过上级评分。对于不同部门而言，部门间主管不一样，员工各自的绩效评分也是没有可比性的。员工真正应该关注企业依据考核结果是否达到了平衡。

那么，如何在实施实际的激励过程中达到平衡呢？

第一步：确定各部门的绩效公司总额时，差距不要过大。

第二步：确定部门内部各个员工的绩效成绩时，应考虑绩效总额的分配情况。

第三步：根据部门内员工绩效成绩的相对性，把部门的绩效工资总额分配给员工。

3.5.3 部门负责人不配合，怎么办?

某家公司处于创业期，一直想实行绩效考核，但让人没想到的是，绩效考核刚一提出，就遭到了各部门负责人的抵制。有的人说不适应；有的说太忙了，没时间；有的嘴上说配合，但回到部门后就将考核束之高阁……由于部门负责人的态度，该公司的绩效考核制度一直没有确立。

为什么会造成这种部门负责人不配合，甚至抵制绩效考核的情况呢?

第一种可能性就是考核指标设置不够合理。由于KPI找得不准，对员工业绩提高没有帮助，又由于硬性的惩罚措施过多，员工都想着怎么去避免扣绩效工资，谁还有心思去提高业绩呢?

第二种可能（也是企业目前遇到情况最多的），就是企业的绩效考核触动了部分人的利益。绩效考核的实施，难以避免地对各部门利益进行了适度的再分配，难免引起部门负责人的不满，因之推行就会受阻。

要改变这种局面，绩效的推行需要企业高层管理者的支持。只要高层态度坚定，身体力行执行绩效考核，那就为下一步绩效考核做好了铺垫。

其次，在绩效考核过程中，要多从公司的利益出发。绩效考核团队要以公司利益为重（部门次之）为出发点，克服与公司利益相违背的思想和观念。绩效考核团队要在实施绩效考核中与各部门沟通，让企业的共同目标代替分歧。

绩效考核，考的不仅仅是员工的业绩，更是企业的凝聚力、向心力。对于各部门在绩效考核中的分工和协作，企业一定要有一个整体的推进计划，并给予各部门适当的培训，促使绩效考核在企业各部门之间形成闭环，不断推动企业战略的最终实现。

3.6 团队能学习，考核有根据

任何一个团队都需要不断地学习，绩效考核团队尤其如此。绩效考核团队成员不仅要学习其他企业的在绩效考核方面的先进经验，还要学习企业内部各方面的工作流程。需要指出的是，很多绩效考核团队的所谓学习，就是照搬、照抄别人的成功经验，简单地复制过来，而忽视了企业的实际情况。因此，打造学习型团队，并不是打造一个个程序复制员，而是让他们懂得在学习中创新。

3.6.1 考核团队学什么

A 企业与 B 企业是同行业的竞争对手。近几年 B 企业发展迅速，A 企业与 B 企业的差距不断拉大。A 企业管理层经过多方打探，才了解到 B 企业实行了绩效考核制度，员工工作积极性非常高，业绩也突飞猛进。A 企业反观自身，由于一直没有确立明确的考核制度，一直都是按照业绩在年底统一发放奖金，因此员工在平时干劲儿不足。

A 企业决定也实行绩效考核制度。

A 企业经过多种渠道得到了 B 企业的绩效考核方案，拿到人力资源部研究。人力资源部经过几次会议讨论绩效考核方案，认为既然 A 和 B 两个企业属于同一行业，那么适用于 B 企业的绩效考核标准也同样适用于 A 企业。于是，就把 B 企业的考核方案原封不动地用在 A 企业的考核上，结果出了乱子。

由于A企业是家族企业，企业内部普遍都沾亲带故，所以他们根本不把考核制度放在眼里。没人执行的考核标准，考核制度也就形同虚设了。

从案例可以看出，A企业的绩效考核团队是以人力资源部门为基础组建的，然而，人力资源部门虽然分析借鉴了B企业的成功经验，但是并没有考虑到本企业的特殊情况，最终导致了执行绩效考核制度的失败。那么，绩效考核团队应该学什么，又应该怎么学呢？

1. 学方向，而不是学教条

我们在研究很多企业的绩效考核方案时，应该懂得学习别人绩效考核的价值取向，而不是一些基本的条文、框框。因为这些条文和框框，对其自身有用，而对你的企业未必适用。不经过筛选就拿出来生搬硬套的绩效考核制度一定是无效的。

2. 学考核KPI

成功的考核制度，其所考核的KPI一定是可操作性强，又被充分量化过的。因此，学习其他成功企业的绩效考核制度时，一定要注意他们在KPI选择上可以借鉴的地方，对照自身制定的绩效考核制度，找出差距，并不断改善。

3. 学绩效面谈技巧

绩效面谈是绩效沟通和改善的重要手段。绩效考核方案可以轻松拿来研究借鉴，唯独绩效面谈这一环节，是不容易在考核方案中体现的。因此绩效考核团队更应该学习绩效面谈的技巧，让绩效考核制度制定过程中，企业内部沟通能够顺畅。

3.6.2 怎么学：学之前，先会玩

大自然中，动物对技能的学习，常常在游戏中获得。例如狮子、老虎等大型哺乳动物，它们的捕食手段，是从小跟同伴们一起打打闹闹中习得的。又比如狼这种团队行动的动物，动物学家们常常听到整个狼群发出的

叫声，这些叫声虽然不是整齐划一，但却非常有节奏感，时而高低起伏，时而前后一致。有趣的是，动物学家经过长期的研究和观察发现，狼的这种叫声不仅是一种游戏，更是一种学习团队协作的手段。在叫声中，每一只狼都能获得彼此的讯息，这是它们在交流一天捕食的经验，成年的狼的叫声更是让狼崽们学习团队交流的经验，以便在往后的团队作战中更好地协作。

不仅如此，游戏除了是一种放松，更是一项必备的训练。因此，某种程度上说，一个善于游戏的企业，才是一个有希望的企业。我们常说，寓教于乐，就是这个道理。借着游戏考核团队，更加有助于增强凝聚力，并可以经常评估团队协作。具体来说，“游戏”对于学习的意义有以下几个方面。

1. 学习团队意识，建立团队秩序

“游戏”是一个团队协调配合的活动，为了顺利地完成任务，需要团队齐心协力、密切配合。团队成员通过游戏可以了解彼此的思想、情感、脾气以及优势和不足。在既定目标的激励下，团队中的成员可以暂时忘掉“自我”，把团队的荣誉放在首位，由此提升企业绩效。

2. 加深对“规则”的认识

团队成员必须在游戏规则的约束下开展活动，不遵守规则就要被淘汰。规则是公平、公正的，它给团队成员提供了一个公平竞争的机会，让成员们各显其能。同时，规则又是现实的，它不给任何人留有余地。这对绩效考核团队的教育意义尤其重要。绩效考核部门需要制定一个相对公平的绩效考核制度，就要加深对规则的认识，一碗水端平。

3. 学习沟通能力

在游戏中，为了获得胜利，团队成员必须有较高的沟通能力。绩效考核制度在建设过程中，必须要进行持续不断的沟通。成员在游戏当中学习增强自身的沟通能力，比在工作中的学习更有效果，因为游戏的氛围是轻松愉快的，人在轻松的状态下，不会设防，更容易说出自己真实的想法。

游戏给团队带来的学习和启发是多方面的。因此，企业不妨在绩效考核制度成立前，抽出时间，让绩效考核成员参加各种文娱、体育活动，进行各种技术竞赛，充分调动员工的积极性，让他们广泛参与到活动中来。

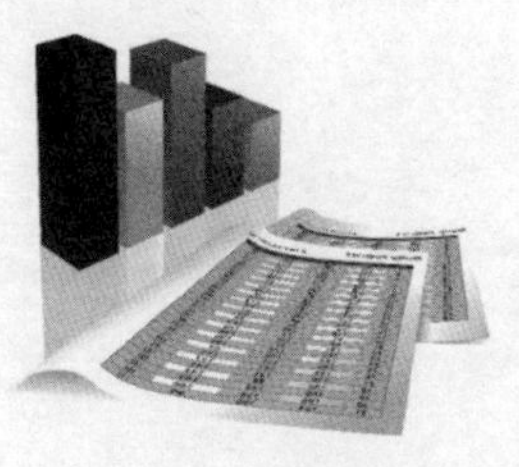

第 4 章
选策略：让考核变成一项游戏竞赛

出于人的天性，如果在一件事中加入趣味性的元素，那么无论干什么，我们都有兴趣。因此，让绩效考核变成一项游戏竞赛，让工作像打怪、PK一样有趣，绩效考核就会更好、更快地得以推行。

4.1 人人都喜欢一边玩一边工作

很多企业管理者一定都很头痛：让员工干一项工作，他是那么不情愿；如果让他在一项新的网络游戏和工作之间选择，那员工可以玩游戏玩上一天一夜。为什么会发生这种现象？为什么人都喜欢一边玩一边工作？在管理中，如果我们采用游戏化模式，将日常考核元素融入非游戏的工作领域内，又会是什么样呢？

4.1.1 所有的游戏，都是自愿的付出

一个企业的员工最理想化的状态，是自愿去工作，是从“老板要”到“员工要”的转变。因为自愿工作，没有强制力的束缚，员工的精神更放松，行为更自在。一个人在自由的前提下工作，可以随时爆发他的“小宇宙”，给企业带来创新和创造力。

有些老板常常抱怨，现在企业“90 后”的员工多了起来，但是让他们做工作却非常吃力。例如有一位“90 后”的年轻人在一家公司做销售，和客户交流得很不通畅，不得要领。然而在私底下，这个年轻人和同龄朋友一聊到游戏，就滔滔不绝。为什么会产生这种现象？医学研究发现，这是受“多巴胺”的影响。

多巴胺是我们脑中分泌的一种化学物质，负责大脑欲望、感觉等信息的传递。游戏能够长时间让我们的脑中增加这种物质。

美国管理学家彼得·格雷对游戏的定义是“想停就停”。这种自愿的游戏模式，剔除了为公司盈利、为自己赚钱等因素，成为真正自主的选择。

在绩效考核中，采用游戏化模式，将游戏的元素融入考核制度中，就能让员工在工作时精力充沛，工作效率大幅提高。与一般的管理方式相比，游戏化的模式可以给员工带来更自由的体验和更明确的反馈。

4.1.2 游戏促进内在驱动力

由于游戏使人更加自由，因此它促进了人的内在驱动力，使人的游戏行为有一种连续性。

为什么很多游戏都加入了健康游戏公约？因为游戏很容易使人上瘾，长时间沉迷其中。很少人愿意连续花 10 个小时或者更长时间在工作上，但是很多人打麻将、玩扑克，几个小时一眨眼就过去，却越战越勇，毫无倦意。为什么？因为游戏促进了内在驱动力，使人的行为有了连续性。

更加重要的是，游戏的内在驱动力，让人们放下了暂时的成败得失，更专注于游戏过程本身。很多玩麻将的人都有这样的心理：今天输了，没关系，手气差，明天一定赢。这种不计得失的心理，如果存在于一位正在工作的员工身上，会有什么效果？游戏化的管理模式，能让员工更加专注于工作，并且不计较个人的得失。生产的产品不合格，客户没争取到，合同没谈成……这些都没关系，因为员工会锲而不舍去做这些工作，同时享受工作过程中的乐趣。

4.1.3 游戏更有互动性

游戏发展到今天，一个很重要的原因就是互动性。各种网络游戏、手游，都把互动交友变成游戏非常重要的一环来运行。这就和企业考核需要的沟通和交流不谋而合。

现在游戏市场上一款很火爆的游戏，就是“王者荣耀”。一个企业老板说他的员工 10 个有 9 个都玩“王者荣耀”。“王者荣耀”是一款五对五的竞技游戏。这款游戏和之前的很多游戏不同的一点是，它不讲什么经验、升级、装备等，所有玩家使用的每一个角色，都是同一套装备，放在一个游戏场景中，你有技巧，你能和队友配合好，就能赢得游戏的胜利。而游戏结束后，每个团队中各方面数据最优秀的那个人，会成为团队的 MVP，也就是最佳队友。

这款游戏，非常适合在企业管理中导入。企业当中的团队，就需要在这样的公平环境下，互相沟通、学习、配合，来获得更高的业绩。如果我们在考核过程中常常进行这样的竞技比赛，评选出 MVP，那么员工就会非常投入。为了赢得胜利，整个团队内部就会非常团结，而为了成为 MVP，团队中的每一位成员都会去想方设法提高自己。这样的一种游戏管理模式，如果规范化、制度化，对企业来讲，绩效的提升必将是一个质的飞跃。

4.1.4 游戏管理，人性化管理的重要手段

国内企业都把人性化的管理奉若神明，但成功实践人性化管理的企业少之又少。而早在 2007 年，陈天桥的盛大就引入了一个新的管理模式——“游戏式管理”。

在“游戏式管理”中，盛大将 KPI 转化为“经验值”。它模仿网络游戏的运作模式，每一位新员工进入公司，都会有一个起始经验值。完成日常工作，将会获得根据不同岗位设定的“岗位经验值”，如果工作未达标，经验值的管理部门就会将情况上报给管理层，经过管理层和经验值管理部门两级审核后，就会相应地扣除经验值。

如果一位员工超额完成了指标，那么还会获得“副本”经验值。到了季度考核时，如果员工的经验值累计达到升职标准，那么其级别和待遇就会自动升级。

这种绩效考核制度实行两年后，结果如何？2010 年盛大的《员工发展报告》指出，在纳入游戏式管理体系下的 4000 多名盛大网络员工中，40% 的员工自动获得职级晋升和薪资增长，10% 的员工获得职级大类晋升。

工作对于很多人来说可能是苦役，但工作也可以是游戏，引入跟岗位匹配的游戏管理模式，是人性化管理的根本手段。

谷歌负责企业文化的执行官史黛西·沙利文（Stacy Sullivan）不断询问员工两个问题：

“你喜欢现在的工作吗？”

“如果不喜欢，那么哪些事情会使你更快乐？”

游戏化管理，最重要的是给企业一个窗口。盖洛普的一项研究发现，趣味化的管理模式，能够带动20%的优秀员工继续优秀，能够带动60%的员工有所提高，最终达到80%的员工成为合格的员工。对敬业员工的定义就是“充满激情地工作”。如果一个企业80%的员工都成为敬业的员工，那么这个企业可以用“伟大”来形容了。

视频7　想让人像喜欢游戏一样爱工作，得了解游戏的这六大特征

扫码看视频，告诉你人们为什么会喜欢游戏却讨厌工作。

4.2 快乐的前奏：平衡计分卡的应用

将游戏模式引入绩效管理，将工作导入游戏的快乐，是基于平衡计分卡的使用得出来的。目前，很多企业都在实行平衡计分卡，国内的企业，如联想、美的、万科等也将平衡计分卡引到了企业的管理中。很多企业都跃跃欲试，想尝试实行平衡计分卡。那么，什么是平衡计分卡呢？

4.2.1 平衡计分卡的产生

平衡计分卡（Balanced Score Card）出现于1990年，简称BSC。这一年，哈佛大学商学院的卡普兰（Robert S. Kaplan）教授和波士顿咨询公司的咨询顾问诺顿（David P. Norton）带领一个研究小组对12家公司进行研究，以寻求一种新的绩效管理方法。这项研究的起因是，人们越来越认识到仅仅依靠财务指标监控公司的绩效体系是不够的。

同时，这12家公司和卡普兰、诺顿都认为，过分依靠财务指标会影响公司的创造力。他们讨论了多种可能替代的方法，最后，决定通过评价相互之间存在逻辑关系的四种组织活动（财务、客户、内部流程、学习与发展）的绩效指标的组合来全面监控组织的绩效表现。这个绩效指标的组合就是平衡计分卡。1992年，卡普兰和诺顿将他们的研究结果《平衡计分卡：驱动绩效的评价指标体系》发表在《哈佛商业评论》上，正式提出平衡计分卡的概念。

近年来，中国的许多企业在实践中逐渐看到了平衡计分卡的优越性，纷纷效仿。有些企业通过平衡计分卡，取得了明显的效果，但有的企业应用了平衡计分卡，却未能解决企业绩效考核的难题，反而使绩效考核更加混乱。那么平衡计分卡的内容包含哪些呢？

4.2.2　平衡计分卡的四个角度

平衡计分卡与以往的传统绩效考核方法不同。过去的传统考核办法，多以企业内部的财务会计为主，只能考核员工过去的工作内容。而在如今的信息社会里，传统的考核方法并不能及时地体现业绩结果。组织必须通过在供应商、客户等方面的投资，获得发展的动力。基于此，企业应从四个角度审视自身业绩：客户、业务流程、学习与成长、财务。

1. 客户角度

核心的衡量标准如市场份额、客户回头率、客户满意度、顾客获利水平等。

（1）客户满意度决定新客户获得率和老客户回头率；

（2）新客户获得率和老客户回头率决定市场份额；

（3）这四个目标共同决定企业的利润率；

（4）客户满意度又取决于产品的功能、质量和价格。

2. 业务流程角度

本着满足客户需要原则制定业绩衡量指标。

（1）生产过程沿用财务指标，如标准成本和实际成本的差异、成品率、次品率等；

（2）产品设计开发可以采用以下指标：新产品销售额占总销售额的比重，第一次设计出的产品可全面满足客户要求的产品所占比例，等等。

惠普公司基于平衡计分卡的管理模式，推出了“时间平衡法”，以衡量产品生产部门的生产效率。这一方法要计算从新产品启动研制到投放市场，并产生可以平衡投资利润的时间，也就是说，每一件产品的投资，都要在规定的时间内收回。

3. 学习和发展角度

在学习和发展方面，企业要对员工的能力、组织的信息系统等方面衡量。企业对上述方面的考核，必须通过其转化成为财务统计上的成果。如员工通过学习和发展，其工作完成时间、生产率、新产品开发和客户满意度方面是否转化为销售额的增加、经营费用是否减少或资产周转率是否提高，都是学习和发展的考核内容。

4. 财务角度

列出组织的财务目标，并衡量战略的实施和执行，能够为改善最终的经营成果做出贡献。

平衡计分卡中的四个角度是逻辑严密、互相联系的整体，这种联系不仅包括因果关系，这种关系最终反映的是企业的整体战略（图4－1）。

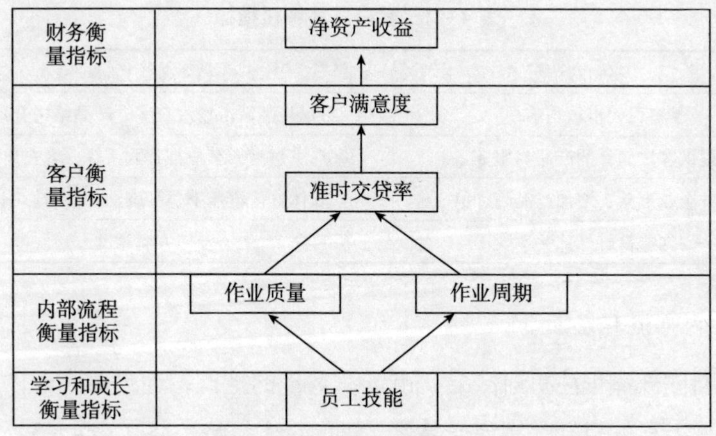

图4－1　平衡计分卡

4.2.3　平衡计分卡的应用

作为中国房地产的领军企业，万科集团在2004年就采用了平衡计分卡进行企业的绩效管理。

1. 财务层面

对于分公司，万科用项目净利润、投资回报率来考核（表4－1）。

表4－1 平衡计分卡——财务

考核目的	具体考核指标
实现项目预期利润	项目净利润
提高项目盈利能力	集团资源回报率、项目销售毛利率、项目销售额、销售均价
控制成本费用，优化成本结构	土地成本比重、单方建筑成本、单方管理费用、单方销售费用
提高项目资金利用率，保证资金平衡和现金畅通	土地储备周转率、单位开发面积的资金成本、应收账款回收期、商品达到可销售状态时间、每年可销售商品房数量

2. 客户层面

客户是一个企业利润的来源，一切以客户为中心，是每一个企业管理的中心要求。“客户是我们永远的伙伴”是万科的企业文化的重中之重。提高客户的满意度和回头率，是万科实践平衡计分卡的一项重要指标（表4－2）。

表4－2 客户层面考核指标

考核目的	具体考核指标
了解目标市场与客户	目标与区域市场占有率、产品结构合理性
提供客户满意的产品与服务	客户满意度、客户推荐购买率、客户忠诚度
提升企业形象，增加产品附加值	媒体宣传覆盖率、品牌认知度与影响力
创造良好外部关系	合作方满意度

3. 内部流程层面

万科内部流程注重对产品、市场和客户的把握，通过对企业内部流程的考核，万科的目标是实现产品化，进而带来经济效益（表4－3）。

表4－3 内部流程层面考核指标

考核目的	具体考核指标
加强项目开发能力与业务拓展能力	业务区域拓展、土地储备率
明确合理的开发节奏与计划，有效降低风险	开工、开盘、入住时间、具备抵押贷款、提供融资抵押物、资金解决方案

续表

考核目的	具体考核指标
缩短工程周期和提高工程质量，实现资源的整合	竣工时间、现场管理组织架构、工程合格率、企业资源共享度

4. 学习发展层面

员工唯有不断学习与创新，企业才能长远的发展。万科将平衡计中的学习发展导入到实际管理中，构成了人才培训与晋升的完整体系（表 4－4）。

表 4－4　学习发展层面考核指标

考核目的	具体考核指标
提高人才储备管理	员工培训比率与周期、储备人才比率
优化人力资源配备	主要职位合格人数比率、主要岗位人才满意度
创造和谐的工作氛围，支持战略执行	员工满意度、员工岗位交叉培训度

平衡计分卡是从四个角度分析企业的战略目标，四个角度中所提取的 KPI 也是经过不断提炼才得出来的。因此，平衡计分卡更合适那些处于稳定期、战略目标清晰、市场不断扩大的企业。

视频 8　BSC 平衡计分卡，从四个维度考核企业的经营班子

扫码看视频，4 分钟为你解读 BSC 平衡计分卡

4.3 如何将平衡计分卡延伸到部门和个人

平衡计分卡应用的难点，在于它作为一种实现企业战略的工具，企业没有提出将其作为考核工具延伸到部门和个人的课题。因此，许多企业在实行平衡计分卡时，存在不少的盲点。那么，将平衡计分卡作为绩效考核的手段，让其对部门和企业员工进行有效考核，就是我们接下来所要讨论的问题。

4.3.1 如何将平衡计分卡延伸到部门

在平衡计分卡的四个角度中，隐藏着一个内在角度，就是股东、投资人的角度。因为所有投资人的角度都指向财务，而其他三个角度，最终指向的也是财务。因此，投资人的角度就是企业战略和财务的结合。那么如果我们把股东角度变为企业经营层的角度，企业经营层基于企业战略，也可划分为四个角度（图4－2）。

1. 财务

企业管理层关心财务的哪些方面呢?

（1）营业总收入。

营业总收入＝主营营业收入＋其他业务，它直接反映了投资回报率。企业管理层主要观察的是主营的营业收入是否提高。如果没有提高，甚至与上期比出现了缩减，股东就会缺乏投资动力。

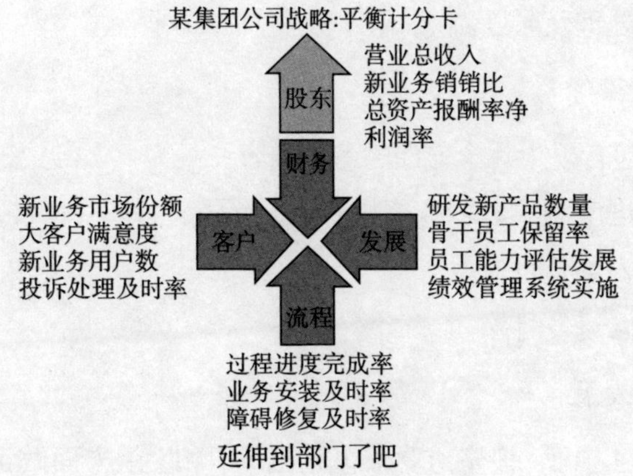

图4－2　平衡计分卡的延伸

（2）新业务"销销比"。

新业务"销销比"，指的是新业务的营业收入占总业务营业收入的比重。对于企业战略来说，如果一个新业务占总营业收入的比重逐年提高，那么经营层一定会在资源上有所倾斜。反之，经营层就要检讨，新业务的发展方向是否合理，运营是否出现问题，等等。

（3）总资产报酬率。

总资产报酬率是指企业获得的报酬总额与资产平均总额的比率。它反映着企业包括净资产和负债在内的全部资产的总体获利能力，用以评价企业运用全部资产的总体获利能力，是评价企业资产运营效益的重要指标。

（4）净利润率。

净利润率是反映企业盈利能力的重要指标。

净利润率＝利润总额×（1－所得税率）/主营业务收入×100%

2. 客户

基于企业战略的客户角度包含以下几个方面。

（1）新业务市场份额。

（2）大客户满意度。

（3）新用户数。

（4）投诉处理及时度。

3. 内部流程

内部流程包含以下几个方面的考察内容。

（1）过程进度完成率。

（2）业务安装及时率。

（3）障碍修复及时率。

4. 学习与发展

在公司战略方面，投资方要求企业在学习和发展方面做到以下几点。

（1）研发新产品数量。

（2）骨干员工保留率。

（3）员工能力评估发展。

（4）绩效考核系统实施。

企业管理层依据以上角度，就可以将平衡计分卡延伸到部门图（4-3）。

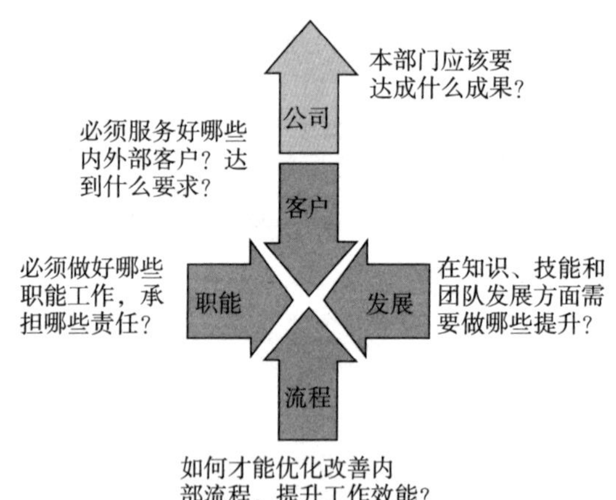

图4-3　平衡计分卡延伸到部门

将平衡计分卡延伸到部门管理中，公司要求本部门应该达成如下几方面的结果。

（1）客户方面：本部门必须服务好内外客户，并提出具体要求；

（2）职能方面：必须做好本部门的职能工作，并承担相应的责任；

（3）流程方面：优化内部流程，提升工作效能；

（4）发展方面：在知识、技能和团队发展方面，需要做出提升，并提出具体方案。

按照以上结果，企业经营层就能够通过平衡计分卡，对部门进行有效的指标考核，从而解决了部门考核的盲点。

视频9　如何把 BSC 平衡计分卡延伸到部门

扫码看视频，6 分钟读懂部门考核关键点

4.3.2　如何将平衡计分卡延伸到个人

有了部门的延伸分析，就能使企业的员工更加了解公司战略、流程和系统，以帮助他们实施战略。部门的延伸角度作为一个因果关系链，把期望结果清晰地列出来。这些结果与员工个人的工作和公司战略联系起来，就能把员工的个人努力集合在一起，从而实现公司战略。它提供了能描述战略的一般框架和语言，能以清晰和一般性的语言表述战略目标、绩效评价指标以及它们之间的联系（图4－4）。

需要注意的是，在员工发展方面，部门还要考核员工的自我提升能力。员工需要在学习创新和发展成长方面，在知识技能和改善方面做哪些自我提升？每一位员工都需要自我成长、自我提升，这其中包括自身的素质，也就是为了要达到绩效考核要求，自身需要达到的素质要求。又比如学历、工作技能、工作经验、工作能力、职称、技能证书等。员工自身发

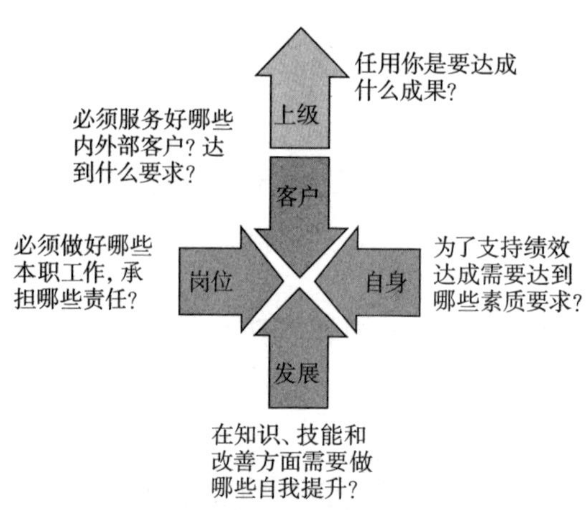

在知识技能和改善方面

图 4－4　平衡计分卡延伸至个人

展方面，也可能会涉及工作态度、工作主动性等。要把自身素质建设，作为员工自我发展方面的一个基本要求（参见表 4－5）。

表 4－5　某公司对员工学习发展方面的考核指标

关键绩效指标	指标定义/计算公式	数据来源
个人培训参加率	（实际参加培训次数/规定应参加培训次数）×100%	培训出勤记录
部门培训计划完成率	（部门培训实际完成情况/计划完成量）×100%	部门培训计划记录
提出建议的数量和质量（鼓励创意性指标）	领导认可的新产品建议的数量和质量	上级领导的评价
公司内勤培训规划的制定及实施	制定公司总体及各岗位的培训规划，并组织实施	上级领导的评价
技能证书获得数		人力资源部

了解如何将平衡计分卡延伸到部门和个人，对于游戏计分卡推行至关重要。当然，要让平衡计分卡顺利导入绩效考核当中，还应明确考核中的关键绩效 KPI 与基础 CPI。

视频 10　如何把 BSC 平衡计分卡延伸到个人

扫码看视频，4 分钟搞懂个人绩效考核关键点

4.4 关键绩效 KPI 与基础 CPI

平衡计分卡考核的角度和指标是非常全面的。有些是可以定量的，有些则是定性的。因此，我们必须把定量和定性的指标划分出来，加以区分，才能让绩效考核更清晰。

4.4.1 关键绩效 KPI 是可定量的、可应时的

每一个岗位考核的重点，都有五个维度：工作数量、工作质量、时间和速度、工作成本。这五个考核重点，构成了考核的关键绩效 KPI。这五个维度，有以下两个特点。

1. 可定量

即所得出的 KPI，是可以用数量计算的。

2. 可应时

即所得出的关键 KPI，可以根据企业要求和岗位情况，应时调整。

某公司推出了一个新产品。第一季度，该公司的经营重点是如何提高新产品的知名度，扩大新产品的销售收入。此时，该公司对业务人员的考核指标主要为以下几点：

（1）销售量。

（2）新增客户数。

（3）客户满意度。

第一季度过去后，新产品的销售量稳步上升，但是公司盈利水平却降低了。此时该公司及时调整了业务人员的考核指标，增加了大客户数量、重点客户数量、大客户销售占比等指标。

绩效考核的最终目的是盈利，因此关键KPI的选择，一定要针对企业短板。每个企业在经营过程中，每月、每季、每年都会遇到新的经营问题。例如当月工作效率下降，不能完成交货率，又例如客户投诉上升，不满意度增加，诸如此类。企业应该根据出现的新问题，灵活地调整关键绩效KPI，才能让绩效考核客观地反映公司经营情况，让经营层看到绩效考核的实效，绩效考核才能运行顺畅。

4.4.2 基础CPI是定性的、全面的

基础CPI，又称基础绩效指标。基础CPI的作用是对关键绩效KPI的支持和辅助。基础CPI有以下几个特点：

1. 定性

基础CPI多指那些无法通过数据表达的评价内容，例如工作态度、道德素质等。基础CPI虽然在一定意义上有主观评价的成分，但其对提高组织和个人的绩效是非常重要的。

2. 全面

基础CPI的指标，涵盖了平衡计分卡所涉及角度的方方面面，是一项全面评价的工作。无论是在财务、客户、流程还是学习发展方面，基础CPI都起到了一定的作用。也就是说，平衡计分卡中那些无法单纯地做定量工作的，都可以视为基础CPI。

在企业管理中，基础CPI的种类、数量都远远多于关键绩效KPI，对其设计者的专业能力要求也较高。

某公司市场部的关键绩效KPI考核中，有一项是每周要一份本周市场调查报告。因为关键绩效KPI是定量的、明确的，所以市场部的员工都能完成这一任务。但是每个人所提交的市场报告水平却参差不齐。有的数据

完整、分析透彻，并提出了自己的意见；而有的则只是把调查结果放上去，完全没有反映数据背后的问题。如果按关键绩效 KPI 考核，只能考核到时间，即是否按时完成调查报告，完成即得分，未完成不得分。这其实是不公平的。因此，还要以基础 CPI 作为约定标准，管理者可以根据市场报告的质量给予打分。将关键绩效 KPI 的指标与基础 CPI 结合，能够更加准确地体现该项工作的完成结果。

由表 4－6 可见，关键绩效 KPI 和基础 CPI 两者各有所长，在进行绩效时相互补充，根据实际情况综合使用。

表 4－6　关键指标 KPI 和基础指标 CPI

绩效类型	KPI 主—核心绩效	CPI 基—辅助绩效
定义	对应核心职责和工作重点的主要结果	能够支持达到目标结果的工作内容和基础因素
内容	关键成果，应时重点	服务客户、尽职尽责、高效顺畅、学习创新、素质能力
时间性	阶段性成果和结果	行动过程细节和基础
绩效导向	关键性结果导向	基础基础支持导向
考核手段	月度季度年度考核	每天每周日常计分
绩效特点	易量化的指标，可视化的阶段结果	职业素质和行为过程，需要日常观察和记录
考核特点	5 个重点指标左右	全面完整，面面俱到
任务性质	做事，结果和执行	做人，品行和态度
考核工具	关键绩效考核表	日常经验值计分
绩效角度	上级（公司）角度应变角度	客户角度，职能角度，内部角度，发展角度，自身角度

视频 11　关键绩效 KPI 和基础绩效 CPI 的区别

扫码看视频，6 分钟分清 KPI 和 CPI。

那么，在关键绩效 KPI 和基础 CPI 的使用上，需要注意哪些问题呢？

1. KPI 为主，CPI 为辅

关键绩效 KPI 更加科学，但需要建构一些数学模型，而基础 CPI 较为主观，适合那些无法简单量化或者对数据依赖度较为薄弱的部分，更适合于一般的经济工作者。

必须指出，两种分析方法对数据的要求虽然有高有低，但并不能就此把定性分析与定量分析截然划分开来。完整的绩效考核标准，需要针对员工的具体岗位，选用合适的定量指标与定性指标的组合。

2. 基础 CPI 评定方法

基础 CPI 的评定一般采用测评法、问卷法、赋值法。我们以完成市场报告指标为例进行比较（表 4－7）。

表 4－7　基础 CPI 指标评定方法

<table>
<tr><th>完成市场报告</th><th>测评法</th><th>问卷法</th><th>赋值法</th></tr>
<tr><td>收集资料</td><td>计 10 分。完成时间 3 日。按模板准确数据达到 10 项以上得 10 分；8 项以上得 8 分；5 项以上得 5 分；不足 5 项，0 分，完成时间延长，每增加一天扣 0.5 分</td><td rowspan="5">由市场部员工交叉评分，以问卷的方式下达：
1. 你认为该项工作按时、按质、高标准完成，得 90－100 分；
2. 你认为该项工作按时完成，但质量一般，得 60～90 分。
3. 你认为该项工作按时完成，但质量不符合要求，得 30～60 分。
4. 该项工作既未按时完成，也不符合要求，得 0～30 分</td><td rowspan="2">调查报告数据完成要求：
30 分：数据准确，分析清晰
25 分：数据准确，分析较好
20 分：数据准确，分析一般
10 分：数据存在一定问题
5 分：数据不靠谱</td></tr>
<tr><td>分析数据</td><td>计 20 分。完成时间 2 日。市场数据经校验分析合理得 15～20 分，经二次以内校验有瑕疵得 10 分</td></tr>
<tr><td>提出意见</td><td>计 20 分。切合市场部要求，有创意，得 20 分；切合要求，但未提出合理建议，得 10 分；调查意见不合要求得 0 分</td><td>调查意见要求：
25 分：切合调查要求，有创造性
15 分：调查意见切合要求，未提出合理建议
10 分：调查意见基本达到要求
0 分：调查意见不合要求</td></tr>
<tr><td>提交调查报告</td><td>计 20 分。完成时间 7 日。正式报告提交得 10 分，否则每晚 1 日扣 1 分</td><td rowspan="2">调查报告完成质量：
45 分：优秀
35 分：良好
25 分：一般
15 分：较差
5 分：很差</td></tr>
<tr><td>报告评审通过</td><td>计 30 分。报告经审议一次通过得 30 分，二次通过得 20 分，三次通过得 15 分，未通过得 0 分</td></tr>
</table>

关键绩效 KPI 和基础 CPI 属于不同的分析方法，各有其不同的特点与性能，但都具有一个共同之处，即它们一般都是通过比较对照来分析和说明问题的。正是通过对各种指标的比较和对照，才反映出数量的多少、质量的优劣、效率的高低、消耗的大小、发展的快慢等，才能为绩效考核提供鉴别、判断的依据。

4.5 游戏计分卡 GSC 的管理模型

将关键绩效 KPI 和基础 CPI 两种考核方式结合，将作为企业战略工具的平衡计分卡落地到每个部门、每名员工。基于这种二元法的考核制度，我们提出了一种全新的绩效管理模式——游戏计分卡（Game Score Card）。

4.5.1 构建 GSC 管理模型

我们已经详细分析了关键绩效 KPI 和基础 CPI 的不同与结合方式，再根据平衡计分卡的管理角度，我们就可以首先建构部门的 GSC 基础管理模式。

如图 4－5 所示，根据关键绩效 KPI 和基础 CPI 这两类考核方式，部门的考核会涉及以下三个方面：

（1）公司角度即关键成果；

（2）应变角度即应时重点；

（3）客户角度即服务客户。

图中的虚线从“客户角度”中穿过，代表着它贯穿考核的整个过程，客户角度是跨界到关键绩效 KPI 和基础 CPI 的一个角度，它是基础 CPI 的考核依据，呈现出关键绩效的结果。

虚线下方的基础 CPI，我们可以运用平衡计分卡的四个角度来分解。

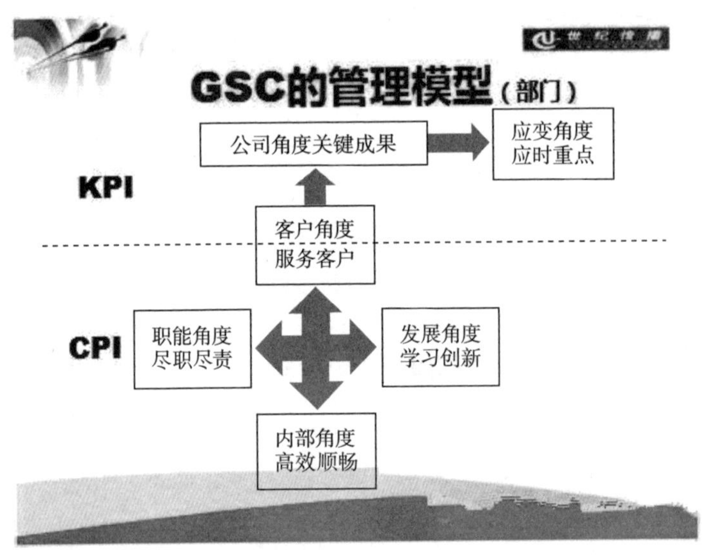

图4－5 GSC管理模型

（1）职能的角度即尽职尽责；

（2）内部的角度即高效顺畅；

（3）发展的角度即学习创新。

除了部门的GSC管理模型，还有个人的GSC的管理模型，如图4－6所示：

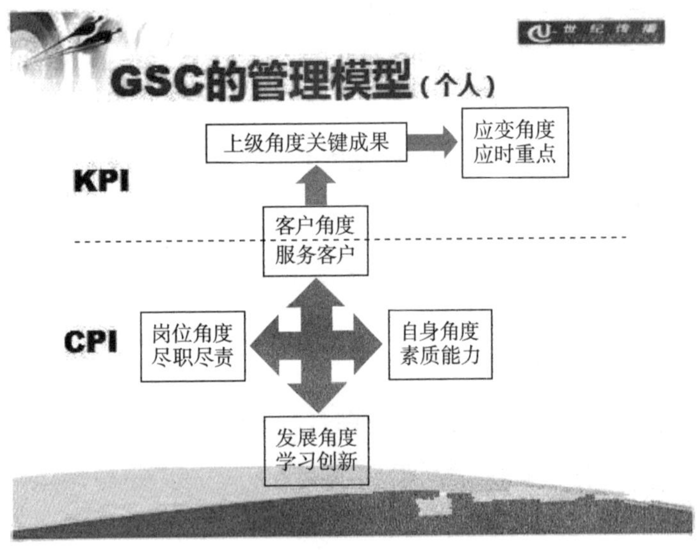

图4－6 个人GSC管理模型

与部门模型类似，针对关键绩效KPI，有三个方面：上级的角度即关键成果，应变的角度即应时重点，客户满意度。

与部门模型不同的是基础CPI部分，除了岗位角度和发展角度，还多了自身的角度，即员工的素质、能力，包括人品和态度等。自身角度虽然没有很准确的办法来量化，但可以通过员工的日常行为表现来计分，通过考察和记录员工的经验值分数，求得模拟接近员工的实际内在素质、人品和态度以及工作主动性。

4.5.2 GSC游戏计分卡模式的理论基础

经过多年的理论研究，我们提出了GSC游戏计分卡的绩效管理模型，这是基于以下几个方面的研究得出的。

第一，GSC游戏计分卡的理论基础是平衡计分卡，是有科学依据的、比较成熟的绩效管理理论。

第二，基于移动互联网的蓬勃发展。盛大网络在2007年就试行了游戏计分卡模式，并做了将工作引入网络游戏化管理的尝试，已经有多年的实践探索，也收到了非常好的管理实效。

同时，它符合现代移动互联网发展的即时模式，把企业管理变成可量化、精细化的规则，通过每天的观察和记录，对内部员工进行打分，并随时公布，依据员工的计分进行绩效考核。这样，企业不但注重抓结果，更注重抓过程、抓管理，让员工不断被正向引导和刺激，慢慢地养成自主学习、自主工作的习惯，就像玩游戏闯关一样，不断升级、积累经验，等级越高得到的奖励越多。

目前，国内有一万多家企业在运用计分卡的管理方式进行绩效管理。通过计分制，管理层每天都要对员工的工作行为过程进行观察、记录，并进行加减分。如此考核，公开透明，赏罚有据。

经验证明，类似于GSC游戏计分卡的这种管理模式，简单有效，特别受到手机一族——年轻员工的普遍欢迎。

所以，在中国移动互联网蓬勃发展的今天，这种创新管理模式，可以向广大的中国企业甚至国外的公司推广。

第三，基于管理实践的成功探索。

湛江银海酒店是当地一家拥有 20 多年历史的老牌酒店。酒店评级四星，主要接待国际商务客人。然而几年前，酒店的内部管理却陷入困境。员工流失率严重，招聘员工困难，很多岗位竟然开起了“天窗”，无人干活。勉强留下来的员工积极性也不高，有工作就做，没工作就休息。酒店最重要的就是服务质量，这种内部消极工作的氛围，让酒店的服务质量直线下降，客流量减少，造成恶性循环。

后来，银海酒店实行了 GSC 游戏计分卡，不久其内部管理就有了明显的改善。员工流失率显著降低——从原先的 15% 左右降低到 5% 以下，同时，员工的工作积极性也提高了，跨部门的工作配合也活跃起来，公司内部之前懒散的工作环境一去不返。

银海酒店在运用绩效游戏计分系统后，其员工流失率开始低于同行业平均水平，这可以看出游戏计分卡给这个酒店带来的显著变化。

基于这三种实践的方式和理论的模型，我们把它做一些巧妙的整合，推出 GSC 游戏计分卡绩效管理模型，希望能够更好地支持和指导中国企业的绩效管理，迈上企业转型期管理的新台阶。

视频 12　GSC 绩效管理模型，把工作管理游戏化

扫码看视频，为你解读 GSC 绩效管理的精髓。

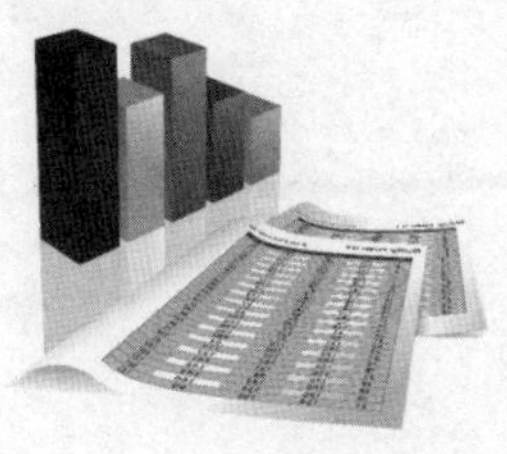

第 5 章
走流程：如何执行绩效考核流程

对于绩效考核来说，抓执行尤为重要。游戏计分卡的绩效考核方法确定了，就看做没做，怎么做。企业不仅能兼顾到关键性的绩效成果，又能兼顾到行为过程，同时还能抓住重点并覆盖到全面。那么，游戏计分卡考核流程有哪些？又该怎样去执行呢？

5.1　游戏计分卡绩效管理系统与流程

我们在第1章已经介绍过考核流程和步骤，游戏计分卡的考核流程，按照执行的先后顺序分为准备期、考核的前期、考核的中期、考核的后期，围绕各期间的考核工具，我们称之为“八表三榜”。

5.1.1　SGC准备期

我们常说，一年之计在于春，实际上，绩效考核的工作则是“一年之计在于冬”。也就是说，今年的考核的准备工作，在前一年的年底，就应该开始了。那么，准备期间，我们需要做哪些工作呢？

1. 沟通、宣贯。向全体员工介绍绩效考核制度，使其理解绩效考核对企业、个人的重要提升作用，避免抵触、不满情绪的发生。

2. 设计年度部门KPI分解表。部门的KPI分解表里面包含了梳理、解读企业的经营战略，同时重新解读部门的关键职能和关键的KPI。

3. 设计岗位核心职责表。这是针对中层管理者和普通员工的。每一个岗位都有核心职责，而且要对核心职责建立衡量标准。其实，岗位核心职责表就是工作分析和岗位说明书的一个简单版本，它主要突出岗位的核心职责，并建立核心职责的衡量标准。

5.1.2 GSC 考核前期

考核前期的开始时间，即每个月的月初。考核的周期越短，考核反馈、计量的时间也就越短，对企业绩效考核的提升和帮助越有利。所以，我们要将绩效考核和人事考评做严格的区分：一年一次的年底考核通常叫作人事考评，每天观察记录、月月都有考核的，叫作绩效考核。

跨国公司之所以做得比较成功，主要由于外资企业管理基础扎实，外资企业的行为过程评价比较到位，有过程数据收集的数据库，日常基础管理比较规范，真正做到了精细化管理。相反，很多中国企业的这些管理基础都比较缺乏。可见，企业的绩效管理系统需要不断强化基础管理、过程管理、量化管理、精细化管理。

GSC 绩效考核，以月度为周期做考核，进行正确、合理的操作和执行，有利于企业绩效的提升。年底的人事考核，可以为管理层和员工的晋升、加薪等人事决策做参考依据。

我们以月度为单位来看月初、月中和月底应该要做哪些工作。

（1）做好月度工作计划表。月度工作计划表应该在每个月的月末就做好下个月的工作计划。

（2）做好月度目标绩效表。月度的目标绩效表是从每个月的工作目标和工作计划表延伸出来的。工作计划形成后，给予各项工作一定的绩效考核比例，根据比例评定本月的绩效完成情况。

5.1.3 GSC 考核中期

GSC 考核中期，进入到整个月份，从每个月的 1 日直到月底。我们要做好两张表：员工行为计分卡和员工辅导沟通表。

（1）员工行为计分卡

此计分卡是针对员工整个全月份的工作表现和工作过程，上级主管做观察、做记录，按照计分规则对下属进行行为计分。

（2）员工辅导沟通表

每个月都有表现得很好或很差的员工。对表现好的员工，需要提出表扬；对表现差的，就需要批评纠正，还需要对其提供教育培训或在职辅导。在绩效考核的过程中，我们需要不断地与员工进行面对面的沟通，沟通的内容必须是书面登记在案的，这就形成了员工辅导沟通表。

5.1.4 GSC 考核后期

GSC 考核后期，考核管理层需要制作追踪改善表和 KPI 绩效考核表。

（1）追踪改善表。

绩效改善表反映的是对月初制定的工作目标和工作计划进行追踪、评估和改善；还需要根据月度的目标达成情况，填写月度目标绩效表的后半部分，得出目标绩效的考核结果。

（2）KPI 绩效考核表。

每月月底，考核部门要根据从岗位职责中提炼出的 KPI 指标，进行月度的绩效考核。

需要强调的是，《月度目标绩效表》与《KPI 绩效考核表》都是绩效考核的工具性表格，那么二者之间有何不同?

KPI 绩效考核表，应用于工作容易量化的部门岗位，如营销、生产部门等，注重的是岗位业绩结果。如果针对那些工作不易量化的部门岗位，如行政、后勤等，就要运用月度目标绩效表，主要考核工作目标达成的程度。

在一个绩效考核制度比较成熟的企业，可以尽可能把《KPI 绩效考核表》与《月度目标绩效表》结合起来，考核的效果会更好。

最后是三个定期公开榜：团队计分红黑榜、绩效考核排行榜、计分排行榜。

（1）团队计分红黑榜。上级需要每周一次定期公布考核和评价的结果，要有专门的看板、墙面或部门公开显示的地方，能够看得到每一个成员在每一个星期的实际工作表现。团队计分红黑榜就是观察员工的日常行为，不预设员工态度和能力，通过日常表现或关键任务的完成程度来推测员工的行为表现。

（2）绩效考核排行榜。将所有人员的考核分数结果全部公开，将每位员工的分数公布于众。一方面，符合绩效考核的公开透明原则；另一方面，应该给予员工申诉的权利——如果员工觉得它的绩效考核不准确，就应该向上申诉和辩解，企业也要倾听员工的意见是否合理。这也是绩效面谈循环中必不可少的一步。

（3）计分排行榜。员工的行为计分也需要做个公开排行榜。把一个月全部人员的行为计分进行公开排行，就是行为计分排行榜。考核结果需要公开，而行为过程也需要公开。这样一来，每个岗位在一个月内的工作状态，就全部一目了然了；每个人努力的多少，工作能力的大小，业务技能的娴熟与否，跃然纸上。计分排行榜强化的是考核制度的公信力。

很多企业担心，公开了考核结果可能会引发员工之间矛盾——名次排在后面的员工，会因为“丢面子”而失去工作的积极性。

有鉴于此，我们可以把绩效最优秀的人员公布出来，那么，无论是绩效排行榜，还是员工计分排行榜，就变成了光荣榜，类似于红榜。

GSC 游戏计分卡系统的“八表三榜”（表 5－1），是考核流程是否畅通的关键，是考核流程操作的核心工具。做好“八表三榜”，我们的企业绩效考核系统，就能够渐渐从青涩走向成熟；对员工的工作能力，也就有了一个真实的考核。

表 5－1　GSC 的“八表三榜”

期间	表单名称	表单名称
准备期（年初）	部门 KPI 分解表	岗位核心职责表
前期（每月初）	月度工作计划表	月度目标绩效表
中期（全月份）	行为表现计分卡	员工辅导沟通表
后期（每月底）	目标追踪改善表	绩效考核表
定期公开榜	榜团队红黑榜	绩效考核排行榜 计分排行榜

5.2 考核准备期：事事拿到明面上

绩效考核准备期的工作，具体来说，应该以“先礼后兵”的顺序来执行开展。“先礼”指的是在考核制度正式施行前，先要让员工真心地接受考核这件事。“后兵”，指的是要让员工明白自己岗位的KPI和核心职责是什么，做到心中有数，无论将来个人的绩效怎么样，都要确立制度的“威信”。

5.2.1 思想通了，考核才办得到

在正式执行考核制度之前，很多企业的习惯就是下发一纸通知。这样的“突然袭击”，让员工一点准备也没有。执行绩效考核，无论是企业还是员工，都需要有一个准备时间，并且为了给各自一个空间，准备期的宣贯是一定要进行的。

绩效考核准备期宣贯，应将以下几层意思传达给全体员工。

（1）需要对各部门领导进行宣传贯彻，让中层意识到考核对部门的帮助。

（2）考核既不是激励手段，也不是惩罚措施。考核不是员工的敌人，其目的是帮助员工提升工作业绩。为了消除有可能出现的“多干多错、不干不错”的不作为心理，需要进一步细化的管理制度，调整薪酬等级，使之能够和能力、责任、风险联系起来。

（3）各部门配合人事完善自己部门岗位工作说明书。

（4）做好各部门的绩效管理培训，让员工了解核心岗位职责、部门职责、工作内容和部门管理规章制度，做好绩效考核的宣传，引起部门员工的高度重视。

5.2.2 部门和岗位的 KPI 分解

岗位不同，衡量和标准设计也不相同：一类是与业绩直接有关的岗位；一类是与企业外部消费者、供应商及社会关系等发生关联的岗位；还有从事企业内部辅助活动的岗位，等等。

《年度部门 KPI 分解表》，由员工填写交上级审核，管理者如部门经理、主管填写之后由高管来进行审核，填写方式是一样的。表格最上方需要填写部门、岗位、填表人、日期等信息。见表 5－2。

表 5－2　年度部门 KPI 分解表（员工填写，上级审核）

部门________　　岗位________　　填表人________　　日期________

企业战略	企业战略与年度经营目标：				
部门关键指标	部门 KPI 指标	KPI 定义和计算公式	考核标准	责任岗位	考核周期
本岗位关键指标	岗位 KPI 指标	KPI 定义和计算公式	考核标准	考核周期	备注说明
					岗位 KPI 指标可以从工作数量、质量、成本、时间速度、客户满意度等五个维度进行设计

如表5－2所示，表格的很大一部分是重估企业战略和年度经营目标。企业战略和年度经营计划是由企业管理层填写的。很多企业对战略和经营计划不够重视，导致很多部门经理、主管和员工对于企业战略和年度经营目标一无所知。这些企业最重要的东西都变成了经营层、高层老板的空洞口号，开会时宣传一下，然后迅速地就被人遗忘。

忽视战略，绩效考核就失去了初心。就像子弹一样，如果没有了目标，子弹就不知道飞到哪里去。所以整个绩效管理的起点必须是从企业战略和年度经营计划开始。

表格的第二部分是部门的关键绩效KPI。经过重估，企业战略和年度经营目标都已经确立，需要重新衡量和明确部门的核心职责，目的是确定核心职责中哪些是属于关键绩效KPI，用来考核的。我们需要明确部门职责和相关的KPI指标，要把它们全部列出来。

（1）关键业绩指标KPI是哪些指标；

（2）KPI的定义是什么，计算公式是什么，数据来源于哪里；

（3）KPI的考核标准即评判分值应该是多少；

（4）KPI所对应的部门内责任岗位应该是哪个岗位；

（5）KPI的考核周期是多长时间。

表格的第三部分是员工岗位的关键绩效KPI指标。员工个人岗位的KPI指标是按照部门的职责和KPI制定的，依次分解下来。表格中需要明确和填写：员工岗位的KPI指标，KPI指标的定义和计算公式，KPI的考核标准和考核周期。在个人KPI指标里面，我们已经涉及关键绩效KPI的五个维度：工作数量、工作质量、工作成本、时间速度和客户满意度等五大维度。任何岗位，它的工作要求都是从这五大维度出发的。因此，KPI的分解，需要从这五大维度去认真挖掘。

视频 13　“八表”之一：年度部门 KPI 分解表

扫码看视频，4 分钟让你重新认识年度部门 KPI 分解表。

5.2.3　明确核心职责并建立可衡量标准

不重视岗位职责，月度工作目标和计划的制定就没有依据，很多企业岗位职责定的是一套，要求绩效考核指标却是另外一套，常常搞得员工莫名其妙。所以我们需要把 KPI、岗位职责、工作计划放在一个框架来审视。因为只有它们指向一致，绩效考核的指标和标准才会与战略目标一致，有效性才会更强。

《岗位核心职责表》由员工填写交上级做审核，从工作分析和岗位说明书简化而来。表格最上方的信息要素主要有部门、岗位、上级、填表人和填表日期。见表 5－3。

表 5－3　岗位核心职责表（员工填写，上级审核）

部门________　岗位________　上级________　填表人________　日期________

重要排序	核心职责	职责的衡量标准	关联的 KPI	备注
1				
2				
3				
4				
5				
6				

一般来说，一个岗位要承担很多不同类型的工作，此职责有很多项。我们需要从中选择最重要的五、六项作为核心职责，而在这些核心职责里面，再划分主次，将其重要性重新排序。所以排序从 1 到 6，其重要性递减。

核心职责确定后，随后要确定衡量标准。其标准要遵循不断精细化的原则，全部量化。最后，要确认核心职责相关联的 KPI 会有哪些指标，如果有关联交叉，可以归类于哪一个 KPI。

每一个岗位的 KPI 和它所对应的核心职责都有着紧密的联系。在后期绩效考核里面，月度考核通常是考核工作目标，关注目标绩效，但是季度考核、年度考核其实就是在考核关键绩效 KPI。因此，KPI 跟工作目标、工作职责是一脉相承的。

视频 14 “八表”之二：岗位核心职责表

扫码看视频，为你全面解读岗位核心职责表的方方面面。

5.3 考核前期：目标设定有技巧

在绩效管理和考核的准备期，我们收集了《部门KPI分解表》《岗位核心职责表》。这两张表做好后，就进入以月度为周期的绩效考核的前期阶段。绩效考核前期的工作，主要是设定工作的目标和计划，也就是每月企业实质的考核内容。

5.3.1 月度工作计划表

绩效考核从时间上来讲，一般分为月度考核和季度考核，月度考核是如今比较普及的做法。月度考核的周期可以分为月初考核、月末考核、全月考核三种类型。在考核前期，需要设定好月度工作计划，以月度工作计划为基础设定月度的目标绩效，在月底进行绩效考核。

因此，在月初，企业要制定《月度工作计划表》。《月度工作计划表》由员工填写、上级审核，表格信息有填写的部门、期间、填表人和填写日期。如表5-4所示。

表 5－4　月度工作计划表（员工填写，上级审核）

部门________　期间________—________　填表人________　日期________

重要排序	重点工作事项	目标与衡量标准	具体行为步骤	难度系数	责任人	完成期间	所需资源
1				高 中 低			
2							
3							
4							
5	教育训练与发展						
6	日常例行工作						

最左侧部分为计划的重要性排序，第五项是教育训练与发展，也就是企业的日常培训，第六项为日常例行工作，即常规性工作进行合并同类项。前四项为本月中最重要的重点工作计划。按照这样的顺序，员工在当月工作计划当中，就会懂工作的先后顺序和轻重缓急。直到考核结束，这样的一种管理方式或工作方式，在时间管理上称它叫“艾维·李”效能法。艾维·李效能法要求工作人员在下班前问一问自己：“明天要做的第一件事情是什么?”例如“召开会议”“联系客户”等，如果这件事被确定，就应该记录下来，然后再继续自问，“下一件事情是什么?”那么再将第二件事记录下来，以此类推，记录下第二天首先应该做的四件事，并将其完成。

为什么最重要的事情只列四件呢？如果重要事项罗列过多，实际上就没有了重点。对每个重点工作事项制定目标和衡量标准，设定目标要符合 SMART 原则，即符合 SMART 五个要素。《月度工作计划表》要经过下级、上级和相关部门过目，因此，在内容上可以约定俗成，但重点是要列明具体的执行步骤和措施。具体的执行步骤要针对每一个重点事项的工作目标和衡量标准来进行规划，步骤要尽可能详细。

表格中的第五列是难度系数标准，分高、中、低三个等级，也可以把每一项的具体行为步骤和措施列入难度系数当中。把每一项工作都纳入难度系数标准当中，目的是防止员工“钻空子”。例如有一些中层管理和员工把自己的工作任务列得林林总总，彰显自己的工作任务多，够努力。但其实，很多工作难度是很低的，并不需要花费多少时间和精力。工作有了难度系数，我们就可以一目了然，并不是工作任务写得多，评价就相应提高了，而是要看工作难度的高低。

以上两项，看似简单，实际上它反映的是工作计划的两个维度：重要性排序和难度系数评价。可以回答以下几个问题：列入工作计划当中的工作真的重要吗？难度大吗？为企业创造的价值如何？

在工作事项的后面还需要填写责任人和完成期间。完成期间不是完成期限，而是工作的起止时间。最后一项要列入的是该项工作任务的所需资源，很多工作需要领导的支持及其他部门的配合。

视频 15　“八表”之三：月度工作计划表

扫码看视频，手把手教你高效使用月度工作计划表。

很多企业在工作计划上，没有考虑到工作的重要性，而是由员工按照自己的理解去确定工作的顺序。然而，很多员工是根据工作中的“缓急”来决定优先次序，而不是首先衡量事情的“轻重”。而计划永远赶不上变化，有了临时的紧急的工作，所有的计划都被打乱了，那何谈去按照计划执行呢？

所谓“轻重”，就是企业目标的价值大小。价值高的事，应获得优先处理；对实现目标小的事情，应延后处理。简单地说，就是根据“我现在做的，是否使我更接近目标”这一原则来判断事情的轻重缓急。

5.3.2 月度目标绩效表

月度工作计划表做完后，还需要做目标绩效表。《目标绩效表》依然是由员工填写、上级审核，在考核结束前，上级要做评分、反馈和面谈。在绩效数据上，应该尽量量化。而行政、技术等不易量化结果的岗位，就尽量根据其月初所上交的工作计划表考核其工作达成度。

如表5-5所示，《月度目标绩效表》有编号和版本修订日期，绩效表需要不断地去修改和完善。表格基本信息有：员工姓名、昵称、岗位、工号、职级、考核期间，所在的部门、直接上级，岗位的核心职责，由核心职责所转化来的主要的目标、核心目标等。

表5-5 月度目标绩效表（员工填写，上级审核并评分）

编号： 版本： 修订日期：

员工		岗位		考核期间	
部门		上级		核心职责	
职级		工号		主要目标	

月初目标设定				月底绩效考核（5分制评分）		
重要排序	重点任务事项（如何达到目标）	结果衡量标准（衡量目标达到的标准）	权重	任务或目标完成的程度	自评分/得分	上级评分/得分
1			%			
2			%			
3			%			
4			%			
5			%			
6			%			
自评得分		上级评分得分		综合得分=自评得分10%+上级评分得分90%		
自我评分的事实依据和改善计划：				上级评语与改善培训建议：		

表格的第一大列是月初目标设定，第二大列是月底绩效考核。第一大列中的三分列分别是：

（1）把月度工作做个重要性排序；

（2）列出六个重点任务事项；

（3）给每一个任务事项建立结果衡量标准，即衡量目标所达成的一个标准。

这三分列内容是从《月度工作计划表》转移过来的，它们的内容要素应该是完全一致的。把月初工作目标计划和衡量标准列出来，然后月底来做考量和考核，这样才有针对性。

第二大列绩效考核部分分为四部分。

（1）权重分配：绩效考核是针对排序后的六件很重要的工作分配适当的权重。通常重要性排序靠前的权重要稍大，靠后的权重就稍小。

（2）任务或者目标完成的程度。

（3）月底我们需要进行检测实际完成的情况，按照五分制打分。实践证明，五分制比百分制更客观，因为五分制主观发挥的空间小，让员工能够根据自己的实际情况评定。

（4）按照五分制自己评分，这叫自评得分，还需要上级评分。把每一项工作的五分制分数乘以权重，然后把它加起来换算，自评得分占百分之十，上级评分占百分之九十，它就变成了本月的综合得分。后面还要填写自我评分的事实依据和改善计划，上级还要填写上级的评语和改善培训建议，另外需要员工签字、上级签字、讨论日期、评价日期等。

完成《月度工作计划表》和《月度目标绩效表》，是考核前期的中心工作。它是中后期我们实行深度的绩效考核所必须认真完成的目标任务。“功夫深不深，表上体验真”。作为企业管理者和绩效考核负责人，一定要监督好各部门各岗位，针对这两张表格，做好培训和学习工作。

视频 16　“八表”之四：月度目标绩效表

扫码看视频，轻松掌握认识月度目标绩效表及考核要点。

5.4 考核中期：计分 + 辅导，员工都说好

完成了绩效考核准备期和前期，进入考核中期，企业就走入了“深水区”，也就进入绩效考核要达成的效果之一，就是每天有考核的阶段。企业怎样考察员工每日的工作表现呢？这里就用到了“八表三榜”中的员工的计分卡和辅导沟通卡。

员工表现算计分。通过对员工的日常观察，企业管理层根据员工当日的工作表现，依据一定的计分规则填写员工计分卡，并及时地将计分结果反馈给员工。员工要确认计分是否正确，是否有不合理的地方。如果员工认为自己的分数不合理，可以立即或一周内向本部门的经理或绩效专员申诉。这个表格要由部门主管来填，把一个月分为四周，分别为第一周、第二周、第三周、第四周，分别进行计分。

如表 5-6 所示，每个月都有四周观察期。这里观察的是工作的重点任务事项和结果衡量标准，以及任务完成的程度。如何来计分呢？我们依然可以以五分制方法来计分：重要工作，5 分；次要工作，2 分到 3 分；日常工作就是 1 分。

在每周需要的记录观察里面，通常只记录重点任务事项（关键事件法）。每周都要记录，如果连续两周没有记录，管理层就要立刻予以重视。部门负责人至少要两周做一次记录，记录后还要进行反馈面谈，被考核人也要签字确认。如果每周都有行为观察计分和面谈，月底和年终的绩效考

核分数统计起来就会相对容易很多。评分有了依据，就避免了一些头脑发热临时设定的考核标准，考核就会变得更加公平、透明。

很多研究发现，很多困扰绩效考核的难题，都是围绕着缺少客观标准、缺少依据产生的。其中的一个最重要的原因，就是中层管理者、部门经理没有给下属员工做日常行为表现的观察、记录和计分。这一基础工作没有做扎实，就失去了整个考核的一个客观依据，考核也就成了“无源之水”“无根之木”了，这对考核的影响是巨大的。

表5-6　行为表现计分表（上级填写并反馈，员工签字确认）

员工：　　部门：　　填写人：　　记录期间：　年　月　日～　月　日

周	重点任务事项	结果衡量标准	任务完成程度	5分制评估	反馈面谈	反馈日期
第一周						
第二周						
第三周						
第四周						

视频 17　“八表”之五：行为表现计分卡

扫码看视频，3 分钟搞懂行为表现积分卡，让考核有据可依。

对员工日常表现进行观察计分后，就会发现很多问题。那么如何解决问题呢？这就要靠《辅导沟通表》了（表 5－7）。沟通是针对员工进行褒扬和指正，辅导的范围属于工作教导、培训或一些在职辅导。

《辅导沟通表》主要由管理者填写，必须得到下级的确认和上级的审核，沟通对象是谁，就针对其辅导沟通需要来填表。序号的含义是，在沟通过程中，管理者可能就一个主题来对员工进行辅导，主题中可能包含多个方面。每一次辅导沟通都要有辅导或沟通的目标，所以也需要把它填报上去。还要记录沟通辅导活动的过程和结果，沟通的具体的时间和日期，这些信息都需要沟通的员工签字确认。

表 5－7　员工辅导沟通表

沟通对象：　　　　　　部门：　　　　　　填写人：

记录期间：　　年　月　日～　月　日

序号	沟通事项或辅导主题	沟通或辅导目标	沟通辅导过程与结果	沟通时间	下属确认

如果针对某位员工在一个月内做持续性的沟通和辅导，辅导沟通表就会非常清晰地反映：对这位员工一共沟通了几次、辅导了几次；辅导完成，有没有过程记录，该员工有没有签字确认。这些完全可以通过手机 APP 来完成，利用智能手机，不仅方便，还能留存珍贵的影像资料。我们可以把重要的沟通过程，做成视频、图片，上传到云端。保存这些资料，对我们今后绩效改进和反馈，有着非常大的意义。

大部分的绩效考核环节做完考核结果后，没有与员工做反馈沟通，缺乏辅导和教育训练，员工就会质疑考核结果。这通常成为绩效考核低效的致命伤。

视频 18　“八表”之六：员工辅导沟通表

扫码看视频，3 分钟看懂员工辅导表。

5.5 考核后期：重改善，勤跟踪

经过前期和中期的执行，绩效考核进入了后期的改善阶段。在以往的执行过程中，一定积累了不少的问题，这些问题是改进绩效考核制度的依据。其次，改善后的绩效考核执行如何，应该尽快跟踪反馈，这些工作应该在每月月底完成。

5.5.1 目标的跟踪与改善

在考核中期，企业每一天、每一周都对员工的行为进行了计分，对个别员工也进行了辅导和沟通。到了月底，应该“回头看”，认真检讨我们的绩效考核，目标计划是否设置合理，KPI是否存在模糊等各方面的问题，并填写表5-8《目标追踪改善表》。

表5-8 目标追踪改善表（员工填写，上级审核）

部门________ 期间________—________ 填表人________ 日期________

工作及目标	完成评估	差距原因分析	改善行动方案	责任人	完成期间

《目标追踪改善表》由员工填写、上级审核，填写的基本信息有：部门、期间、填表人和日期。

主要填写的内容，每列内容从左至右分别为：

(1) 工作及目标。

工作目标内容按照月初的工作计划填写，即重点工作和目标的衡量标准。

(2) 完成评估。

针对所列工作的完成情况，进行自我评估。检验实际工作与月初制定的目标有无差距，如果有差距就需要分析其原因，找出关键问题、根本的原因，并提出解决办法。

(3) 改善行动方案。

制定下一个考核周期或下一个月度改善的具体执行方案。

(4) 责任人签字。

(5) 设定具体完成期间。

对月初工作目标和计划进行检讨、追踪、改善，便于寻找差距原因进行改进。《目标追踪改善表》也恰好可以衔接下个考核周期的工作目标和工作计划，所以月度的表格之间，无论是计划表、绩效表，抑或是辅导沟通或跟踪改善，都是环环相扣的。理论上，工作目标、KPI和核心职责应该完全重叠，这样才有可能保证到后面的绩效考核结果初步达到成效。

视频19　“八表”之七：目标追踪改善表

扫码看视频，为你解读提升员工能力的方法技巧。

5.5.1 KPI 月度绩效表

针对易量化的部门和岗位进行考核，在月底还要对其进行 KPI 绩效考核（表 5-9）。不易量化的技术、行政部门和岗位则通过目标绩效考核。但针对不易量化的部门和岗位，我们建议在年底做一次 KPI 考核。这些部门和岗位如果只有目标绩效考核，就很容易在战略执行上出现偏差，造成目标绩效达标但年度 KPI 指标却没有完成的现象。所以，技术、行政部门除了进行目标绩效考核外，最好进行季度或年度的 KPI 考核作为补充。这是为了防止月度工作目标和工作计划偏离企业战略及职能要求。

很多绩效管理比较成熟的优秀企业，会针对所有部门在每个月底同时做目标绩效和 KPI 考核，把月度目标绩效表和 KPI 考核表两张表合在一起。当然，这样做会增加考核负责人的工作量，因此需要循序渐进来推行。前期还是做好一定的沟通协调工作，对于两张表结合考核的办法，可以试用一段时间，在试用期间，不作为正式考核的参照，避免员工产生抵触心理。

表 5-9　KPI 绩效考核表（员工填写，上级审核并评分）

姓名：　　　　岗位：　　　　考核期间：　　~

<table>
<tr><td>员工</td><td></td><td>岗位</td><td></td><td>部门</td><td></td><td>工号</td><td></td></tr>
<tr><td>职级</td><td></td><td>上级</td><td></td><td>考核期间</td><td colspan="3"></td></tr>
<tr><td colspan="2">考核项目</td><td>分值</td><td>指标定义</td><td colspan="2">评分标准</td><td>自我评分</td><td>上级评分</td></tr>
<tr><td rowspan="5">关键指标</td><td>1. 工作质量类</td><td>40%</td><td></td><td colspan="2"></td><td></td><td></td></tr>
<tr><td>2. 工作数量类</td><td>20%</td><td></td><td colspan="2"></td><td></td><td></td></tr>
<tr><td>3. 成本和贡献</td><td>20%</td><td></td><td colspan="2"></td><td></td><td></td></tr>
<tr><td>4. 时间和速度</td><td>10%</td><td></td><td colspan="2"></td><td></td><td></td></tr>
<tr><td>5. 客户满意度</td><td>10%</td><td></td><td colspan="2"></td><td></td><td></td></tr>
<tr><td rowspan="2">雷区</td><td>雷区 1：</td><td colspan="3">如果发生雷区现象，扣分值</td><td>小计</td><td></td><td></td></tr>
<tr><td>雷区 2：</td><td colspan="3">如果发生雷区现象，扣分值</td><td>合计</td><td colspan="2">自评 10% + 上级 90%</td></tr>
<tr><td rowspan="2">加减分</td><td>加分：</td><td>加分依据</td><td colspan="5"></td></tr>
<tr><td>减分：</td><td>减分依据</td><td colspan="5"></td></tr>
</table>

续表

KPI 考核得分	
期间综合绩效考核得分	KPI 考核得分 ×50% + 期间月度目标绩效考核平均得分 ×50% =
上级评语和改善建议	

被考核人：
上级考核者：
签字：
签字：

日期：　　年　月　日

《KPI 绩效考核表》的基本信息包括员工姓名、所在岗位、部门、工号、职级、上级、考核期间等。最主要的是考核项目的 KPI 指标，表中列出了 KPI 指标的五个维度：工作数量，工作质量，工作成本和贡献价值，时间和速度，客户满意度。要将这五个维度做适当的权重分配。有的部门工作质量、工作成本方面欠缺，有的部门则是客户满意度需要提升。每一个岗位，应根据其短板和实际情况对 KPI 进行微调。每一项 KPI 都需要去设定好指标的定义和评分的标准，然后做自我评分和上级做评分，按照一定的比例进行综合得出考核评分。

值得注意的是，在 KPI 考核表中，还加了两项很少在改善表中出现的项目：雷区和加减分。

雷区就像是 KPI 的高压线、红线，也就是工作中的底线，绝不能做的一些事。所以在雷区里，要写明哪些是绝对不可以做的。如果触碰到雷区，就要进行处罚。如果发生了踩踏雷区现象，就要被扣除较多的分值，甚至要对其进行解除劳动合同的处理，要将这些禁区列入每月的 KPI 绩效表中，时时刻刻提醒员工。

加减分的栏目，是为了表扬有重大贡献的人，对其当月考核加分。如果工作中造成了严重损失、恶性事故、重大投诉或重大的伤害，那就要减分，需要说明的是，雷区和加减分不在一个分数评价中。

在自我评分和上级评分方面，依旧按照五分制进行，即：

自我评分×10%＋上级评分×90%＝KPI得分

如果需要叠加目标绩效考核分，就把KPI考核的得分与期间目标绩效考核得分相加得出的平均分乘以50%，就得到综合考核得分：

（KPI得分＋目标考核得分）/叠加项目数×50%＝综合得分

这样一来，我们整个考核系统的操作流程就完成了。很多企业将这一系列流程应用一整年的考核当中，效果非常明显：

（1）月度绩效考核用目标绩效表，季度考核或者半年度考核时再加上KPI考核表，季度综合考核得分计算公式为：

（三个月KPI考核分数＋三个月目标绩效分数）/6×50%
＝季度综合分数

（2）年底考核，计算年度绩效综合考核的分数：

（KPI得分＋十二月目标绩效平均分）×50%＝年度绩效分数

KPI绩效考核表的最后，需要有上级的评语和改善的建议，需要被考核人签字，上级考核者的签字和日期。

做好各阶段的考核工作，核心是要掌握好考核工具，严格按照步骤执行，无论是目标绩效还是行为计分，都需要一步步去熟练掌握，这样在绩效考核中，执行才能高效。

视频20　“八表”之八：KPI绩效考核表

扫码看视频，为你全面解读KPI绩效考核表。

5.6 红黑计分榜，给员工提个醒

以时间为主轴的绩效考核制度很容易引起“平时不记账，年底糊涂账”的考核方式。由于考核都在月末年终，或多或少纵容了一些员工平时混天度日。推行“红黑榜”这种绩效工具，每月根据每一个员工的表现，可以客观公正地作出评价，然后决定他们是上“红榜”还是上“黑榜”。这样的考核对于企业整体战略，肯定是大有益处的。

5.6.1 团队红黑榜

团队红黑榜，其目的是对团队内部员工进行公开表扬或批评。它主要由本部门的管理者排名、填写，排名周期通常为一个月一次（见表 5－10）。

表 5－10 团队红黑榜

部门： 评价者： 记录期间：

姓名	第一周			第二周			第三周			第四周			累计
	加减分值	事由依据	日期	加减分值	事由依据	日期	加减分值	事由依据	日期	加减分值	事由依据	日期	

续表

姓名	第一周			第二周			第三周			第四周			累计
	加减分值	事由依据	日期	加减分值	事由依据	日期	加减分值	事由依据	日期	加减分值	事由依据	日期	

我们把一个月横向划分四周，最后一列是累计计分。《团队红黑榜》中的主要内容是加减分的事由依据，这一项是根据员工某项工作的行为，在完成某项工作任务中的工作表现，主管对其进行加分或减分处理，在处理的第一时间就要公布出来，并且要告知该名员工。

红黑榜，体现的就是奖罚分明、看板管理。管理者可以在部门里面醒目的位置张贴红黑榜，把某员工表现好的事由写上去，根据其完成工作的重要性进行加分。所以基层管理者和部门管理者有权针对下属每天、每周的具体工作任务完成情况，对其加分或者减分。这种管理工具，可以让管理者随时监督员工的工作行为。员工由于重视分值，执行力自然就提高了。

此外，红黑榜的分值，也会直接和考核结果挂钩。我们可以把红黑榜纳入月度考核里面去，因为月度考核就是根据员工的工作表现来打分。绩效评分有了事实和依据，员工就更容易接受。这种行为表现的评分其实就是游戏化管理的 EXP 经验值计分，也可以公布一个经验值计分的排行榜，再辅以一些奖励和激励手段，调动员工的积极性。

视频21 “三榜”之一：团队红黑榜

扫码看视频，为你解读团队红黑榜的使用精髓。

5.6.2 绩效考核排行榜

绩效考核排行榜需要填写的信息包括：考核部门、发布者、考核周期和申诉电话。员工如果认为考核结果不合理，是可以提出申诉的。提出申诉的对象，可以是上级领导，也可以是绩效考核委员会，甚至可以越级申诉。如果员工针对考核结果进行越级申诉，考核人和被考核人双方都要拿出充足的证据证明自己的合理性。因为绩效考核工作最忌讳的就是缺少事实依据的主观判断见表5-11。

绩效考核排行榜一个很鲜明的要素是考核职级。这个考核职级为了让员工感兴趣，可以选择那些有特色的名字，例如：大侠、菜鸟等。这些名字，更受年轻员工的欢迎。此外，绩效考核排行榜还包括考核等级。考核等级一般分为ABCDE五个等级。考核表的最后是考核评语，即提供给予分数和等级的主要依据是什么，列明写清，做到理由充分，公开、透明。

5.6.3 行为计分排行榜

行为计分排行榜，是指上级领导对员工的日常行为观察，可以做一个经验值的计分排行榜。经验值计分来自于红黑榜，当红黑榜发布次数增多，就会形成一个经验值的积累，计分排行榜就有了依据见表5-12。

表 5－11　绩效考核排行榜

部门：　　　　发布者：　　　　考核期间：　　　　申诉电话：

排名	姓名	昵称	职级	本期考核成绩	考核等级	主要评语
1						
2						
3						
4						
5						
6						
7						
8						
9						
10						

视频 22　“三榜”之二：绩效考核排行榜

扫码看视频，为你解读绩效考核排行榜。

表5－12　计分排行榜（前20%）

部门：　　　　发布者：　　　　计分期间：　　　　申诉电话：

排名	姓名	昵称	职级	本期计分分值	计分等级	主要评语
1						
2						
3						
4						
5						
6						
7						
8						
9						
10						

计分排行榜通常是要给每一位员工做排名，但如果一个部门内部竞争本来就很激烈，那么为了避免激化矛盾，可以先公布最优秀的20%。

计分排行榜的要素主要包括：考核期的计分额（即本月计分的经验值分值），计分的等级（按照计分分数的高低）。如前二十名为A类或甲等，二十名至四十名就为B类或乙等。每位员工的后面会有一些相应的评语。所以公布计分排行榜主要是观察员工的日常工作表现和行为。

视频23　“三榜”之三：行为计分排行榜

扫码看视频，为你解读行为计分排行榜。

绩效考核不但要看结果，也要看过程，需要把结果和过程两者结合起来，突出重点，又涵盖全面，这个就是 GSC 游戏计分卡的精髓。这种考核方式的运用，需要企业慢慢探索，仔细研究后，才能去施行。

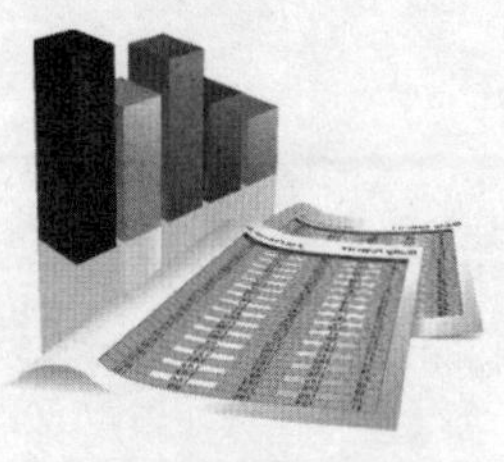

第 6 章
做区分：与薪酬无关怎么计分

企业实行百分制的绩效考核方式，很少有人能够每次考核都得到 100 分。100 分等于 100% 的绩效工资，不足 100 分就要被倒扣薪酬，这种考核方式当然不能让员工满意。因此，我们应该对纳入个人薪酬的 KPI 考核和与薪酬无关的计分考核做一个区分。那么，该如何执行与薪酬无关的考核计分呢？

6.1 如何在职场刷经验，打 BOSS

在日常的考核中，我们可以设立经验值 EXP 计分，而使它脱离薪酬计算范畴，考察员工行为过程计分。EXP 计分，也是企业考核和检测的一种方式，但它更加注重过程，这样就可以与结果相对应。

6.1.1 为什么员工会翻白眼

很多企业都在推行绩效管理系统，费了大力气，花了不少时间和精力推行“绩效改革方案”，常常要触动企业结构性的改革，伤筋动骨。

很多国有企业，旧的绩效薪酬制度已经用了很多年了，推行新的绩效改革之后，企业内部人心不稳。

在某公司，一位顾问专家协助企业推行绩效考核制度，员工们私下里就开始讨论：顾问专家来的目的是什么？是不是帮着公司变相克扣我们的工资？

原来，这位顾问专家举了好多世界知名企业的案例，把考核定位百分制，但员工如何努力也考不到 100 分。这样慢慢就有了一种抵触情绪，而且范围很广，各部门都存在。然而，这位顾问专家做事想当然，也不和员工沟通，结果在一次会议上，各部门员工集体向公司发难，迫使公司将这位专家送走了，绩效考核自然也就流产了。

我们建议企业先不要忙着推行绩效薪酬，而是等到逐步成熟，抓住调整薪酬的机会，适度调薪或加薪。需要做薪酬改革的时候，再来做一些改革和调整，时机会比较好，员工的抵触就会少一些。

在推行绩效薪酬的设计上，我们可以用以下几种方式。

（1）把薪酬在原有基础上提高20%，然后推行绩效考核。这样做的出发点是减少员工的抵触和伤害。

（2）目前没有条件加薪的企业，可以把绩效考核的分数满分设置为120分~150分。这样计分的薪酬制度的出发点是在奖励计分优秀的员工，而不是惩罚计分低的员工，也让员工比较能够接受。但大多数企业推行的绩效计分，采取百分制。百分制的考核常常就需要倒扣工资，这样的考核制度无疑会令员工“翻白眼”。因此，跟薪酬挂钩的绩效考核体系相对比较敏感，还是要一步一步地来。

6.1.2 刷成就感，刷经验值

当然，还有一种考核方式，将考核分为与薪酬挂钩及与薪酬无关两类。也就是说，我们把有关岗位核心职责的KPI，与员工的薪酬直接挂钩，把日常记录员工行为的经验值EXP计分，与薪酬剥离。这样一来，员工对考核就不会那么敏感，考核管理也比较容易推行。所有的企业，无论是央企、国企还是中小企业、民营企业、上市公司，都可以运用这种跟薪酬无关的计分方式，用经验值来调动员工的积极性，来增加和建立绩效考核的依据。

玩过网络游戏的人，都很清楚经验值是什么。在玩游戏的过程当中都需要拿点数或分值，比如说“斗地主”打牌要有分值，比如说玩微信的手机游戏也有分值。那么这个分值应该怎么算？需要设定游戏的点数和分值——在网络游戏里面称它叫“杀龙点”，在QQ腾讯的游戏里面叫Q币。

让员工假扮成玩家的角色，然后针对岗位设定角色，让其在工作中不断地积累经验值。在网络游戏里，积累经验值主要通过打怪、做任务、做副本，甚至还要去买一些装备等，例如一系列三国类的策略游戏，玩家需要不断去学习、招兵买马，不断地耕种做农业，不断地经商，就可以不断地积累分值。如果是一个团队，那团队经验值增长起来就会更快，所以游戏里面的经验值增长可以通过晋级、成长、挑战和 PK 等方式。

员工通过工作刷成就感、经验值 EXP，是一种非常有效的方式。经验值跟绩效考核计分制的不同点在于：绩效考核的百分制通常都有最高分，所以就算是最优秀的员工，他的分数也总是在最高分上下浮动。但是像“斗地主”这种通过游戏积累经验值的方式，是没有上限的，也就是所谓的“上不封顶、下不保底”。所以，经验值 EXP 暂不用跟薪酬挂钩，可以指导所有的企业去尝试作为薪酬奖励之外的有效补充，成为重要的参考依据。

江苏某钟表制造公司的员工干劲特别足，因为他们的老板是位“90后”的年轻人兼网络游戏玩家。他们制造了很多深受年轻人喜欢的以游戏为主题的钟表产品，并且，公司内部实行了游戏经验值的考核方式。

这家公司的一位员工曾对我说，他在这家公司工作了两年，最有成就感的就是看着公司发布经验值排行榜的时候。两年的时间，这位年轻人积累了 20000 经验值，超过了和他同时期进入公司的其他员工，甚至超过了许多比他工作时间还长的老员工。现在这位员工在公司内部有个外号，叫“扫地僧”，因为每到关键时刻，他总能化解公司一些棘手的问题，有时的想法堪称“神来之笔”。

如果企业推行经验值计分时间超过一两年之后，就会发现，优秀员工的经验值 EXP 越来越高，而差员工的经验值会越来越低。这样，考核的目的就显现出来。通过这样的对比，我们还可以进行“副本”作业，也就是说，让优秀员工带“徒弟”，带领计分不理想的员工一起工作，“打副本”，可在增加其自身经验值的基础上，带动计分较差员工的进步。绩效管理的整盘棋就活了。

对于企业来说，考核只是手段和过程。对员工来说，考核是为帮助他们不断地检视自我，改进和提升工作。企业要转变员工的观点，最重要的就是不要让考核成为员工的约束，而把考核当成是个人能力提升的契机。怎样考核？不能把员工放在企业的对立面上去考虑。一个要完全控制，一个要摆脱控制，在这场消耗战中，员工失去了自信，而企业失去的是效益。因此，员工和企业的方向应该是一致的。

6.2 如何积累经验，升级成大神

有一本书叫《游戏人生》，书中说道："尽管抱怨在创造角色时被随机赋予的才能或资质等被动技能，我们却仍不屈不挠，靠着'努力'增加经验值，拼命地努力不懈——人生就是这样的游戏……"这道出了"人生经验就是努力积累的过程"这样一个真谛。那么在企业的考核当中，我们又该在哪方面让员工去积累自己的经验值呢？

6.2.1 计分池：积累经验值的六大副本

为了计算经验值 EXP 计分，我们把计分维度分为六大部分，每一部分我们把它称作"计分池"。

1. 原始素质分

原始素质涉及员工的学历、职称、特长等方面的内容，如大专、本科、硕士、博士，依据学历的高低给予不同的分值。原始素质还包括其他技能，例如英语水平、艺术特长等。

2. 学习创新分

学习创新分是指给予员工在自我学习、参加培训或培训别人的计分。学习分就是学习和分享，如员工在核心期刊上发表了文章，在公司内刊上刊登了自己的工作心得，都会加分。

创新是指给企业提建议、出点子、给予合理化建议。例如员工给公司提出了建议或者项目修改意见，如果上级觉得是正确有效的，就要加分；如果员工的意见被公司采纳，并为公司创造了较大的贡献、价值，经过管理层特批，加分的幅度还要加大，称之为额外加分。

3. 尽职尽责分

尽职尽责就是对公司和岗位要忠于职守、尽职尽力。根据工作职责的完成程度，上级会给予相应的分数，有加有减。

4. 服务客户分

服务客户分依据的是员工对内外部客户的服务品质。内外部客户每次要对员工做满意度评价，企业根据客户的满意度评价，得出本部门员工的分值。

5. 绩效考核分

绩效考核分的设立视企业实际情况而定。大多数企业每个月都有绩效考核，月度绩效考核的分数，增加到两到三倍，可以直接进入 EXP 经验值的计分之中，所以绩效考核也跟 EXP 经验值有所关联。

6. 行为奖罚分

行为奖罚分就是根据员工行为的好坏进行相应的加减分。如保持工作环境整洁、卫生，就要相应加分。

6.2.2 计分池实施细则

1. 原始素质分

（1）学历；

（2）职称；

（3）职级；

（4）年资、专长。

2. 学习创新分

（1）培训学习；

（2）经验分享；

（3）心得交流；

（4）提案改善；

（5）成果贡献和主动带教新人。

3. 尽职尽责分

（1）完成工作职责；

（2）完成或超额完成任务，加分，未完成任务，减分；

（3）团队配合得当，加分，团队效率低，减分；

（4）产品品质卓越，加分，产品质量未达到目标或不合格，减分；

（5）完成成本控制，为企业节省费用，加分，为企业增加了成本，铺张浪费，减分；

（6）全勤奖励，即全年无迟到、早退；

（7）良品奖，即一年中未出现过纰漏，未生产不良产品。

4. 服务客户分

（1）内外部客户对你的评价良好，加分，内外部客户有投诉或投诉较多，减分；

（2）能够自动补位服务客户，客户资料信息填写完整，加分；

（3）服务客户能够主动积极，表现在服务技能、响应速度、服务满意度以及事后解决问题方面，加分。

5. 绩效考核分

KPI 绩效考核 ×2（3）=绩效考核分

6. 行为奖罚分

行为奖罚分方面，会产生额外任务悬赏。所谓额外任务，即不属于岗位职责范围内的工作悬赏。例如，公司现在发生了棘手问题亟待解决，需要一位员工紧急出差，谁愿意去啊？大客户项目谈判陷入僵局，需要进行公关，希望能够组建一个团队形成公关项目组。项目组成员可能来自各个部门，而这些成员在项目组的工作就属于额外工作，公司要予以另行加分。

运用经验值 EXP，就可能会有减分的情况和负面行为，我们称之为“BUG”，也叫问责，例如员工的行为违反了公司的规章制度，被投诉后，就要被扣分。

主管必须对下属员工每日的行为表现做记录，运用分值把它们量化出来。这种方式实行一定时间后，再对每一岗位、部门、团队的经验值做一次统计，其评分可以作为综合奖励的参考凭证。计分状况要即时公布，包括计分分值、每周排行榜和每月排行榜。

视频 24　用 EXP 计分池计算员工的经验值，综合考核不失灵活

扫码看视频，告诉你如何让员工像刷游戏经验值一样忘我工作。

6.3 经验值计分易管理，重激励

计分卡这种考核方式，其实一点都不复杂。20 年前，当消费者计分卡兴起时，很多人惊讶用这种简单的方法就能吸引大量顾客。今天我们运用同样的计分卡模式进行绩效管理，也是为了提高员工的执行力，激发员工的创造力。

6.3.1 让管理变得更简单

运用经验计分卡模式，可以让绩效管理变得更简单。通过游戏计分模式的 EXP 计分，可以真实衡量员工对公司的持续的贡献和长期的价值。

很多企业做绩效考核，通常是把年度、月度的考核和绩效工资或奖金挂钩，认为发完奖励就万事大吉。但绩效考核作为企业战略工具，需要持续性，没有持续性的考核就没有实际意义。

很多公司将类似的考核记录，到了年度进行奖励后，就全部清零。年底做全年的绩效考核，而实际上，三年甚至五年前的考核分数对员工的晋升、薪酬都有很大的参考意义。企业没有对员工个人职业生涯的大数据（即长期、连续性的职业数据）做记录，那么，企业内部人才就会出现断层，员工个人成长记录也会缺失。

但是，如果运用 GSC 游戏计分卡的云平台系统，免费提供给企业使用，长期记录员工的职业大数据，即一个员工从进公司的第一天就开始做记录，这就是员工的成长记录，即使主管更换，但这个员工的行为记录也都保留着。例如，某位员工在两年的时间里，换过三个部门，经过了三个领导，可是每当新领导想了解一下该员工的工作表现，他们依据什么呢？我们可以给出这个员工的计分档案，就能知道他究竟是位优秀的员工，还是表现一般的员工，抑或差员工了。新领导对这个员工过去的成长经历，通过这些一连串的事件和行为加减分的描述，就可以知道，这个员工擅长什么，比较适合什么样的岗位。所以，运用游戏计分卡的 EXP 计分软件云平台方式来记录这种大数据，也可以作为绩效考核的一个重要的基础，给人事决策如绩效考核、员工晋升、加薪、换岗等，提供一个重要的事实和依据，更加客观、公正和属实。

运用 GSC 游戏计分卡还可以针对不容易设定量化指标的岗位和部门，把它也纳入一个有效的绩效管理。如后勤、行政、技术、服务类岗位，或者临时性、项目性的工作任务，就不大容易量化，或者量化、细化有较大难度，其工作结果也不清楚、不容易量化，那绩效考核应该怎么办呢？我们就观察员工的日常行为，把不容易发现的、比较隐性的素质要求等显性化，把它落到实处。

在绩效考核中常常有人品、能力、素质、态度、积极性、职业道德等考核指标，大都要靠主观判断来评定。如果各级主管能够每天对员工的日常行为表现进行观察、记录和计分，那就应该比较接近真实的轨迹，比主观评判要客观得多。

在长期的管理实践中，运用经验计分可以更容易管理员工。各级管理者给下属的工作表现计分，可以增加基层主管的管理权限和责任感——尤其是最基层的团队和主管。这解决了基层主管有责无权的被动局面。

通过行为计分的运用，也可以防范一些有能力、有资历、有资格、有经验、拿高薪酬的员工消极懈怠。例如员工甲学历很高、能力很高、经验很丰富，拿着很高的工资但是工作不积极，那就可以通过行为计分的方法进行观察记录，根据实际情况加减分。

6.3.2 最大程度激励员工

运用游戏计分，可以最大程度激励员工。这种计分游戏的激励方式可以覆盖到员工的三个层面：

1. 心理方面

自我实现是人类的最高心理需求，运用游戏计分卡的 EXP 计分可以满足员工自我实现的心理需求。

计分虽然不参与薪酬，但也可以用奖品、奖金的方式进行奖励。同样可以达到物质方面的刺激。

2. 公布排行榜

公开透明的计分排行榜，可以增强自尊心。

3. 自我价值实现

企业可以针对员工的计分设计长期的激励规划，对于计分长期优秀的员工，甚至可运用股权激励的方式，使其成为公司合伙人。

管理实践中发现，员工计分的排名榜，信服力较高，游戏计分卡运用的周期越长，激励效果就越强。计分可以长期积累，而且激励的方法灵活。例如，企业可以安排员工公费旅游；又如一些企业对于计分靠前的员工，奖励他们去北京旅游或者去参加博鳌论坛，或者奖励最新款的苹果手机等。

运用游戏计分卡的计分方法还能帮助企业留住关键人才。在公司工作多年的老员工，一般属于骨干员工，要想方设法留住他们。利用计分卡这种手段，给这种优秀的骨干员工打造一个拥有丰厚薪酬和激励手段的个人职业记录。

6.4 低成本、高效率的考核方式

很多企业的绩效管理流程，既繁琐又费时，最终成为压垮企业管理的“最后一根稻草”。游戏计分卡 GSC 除了易管理、重激励的特点外，还能够最大限度地降低管理成本，提高管理效率。这避免了很多企业落入考核制度程序繁琐的陷阱，能够用最短的时间收到最好的成效。

6.4.1 接地气的 GSC

用游戏计分卡 GSC 进行员工激励，管理成本大幅度降低，可以起到“四两拨千斤”的作用。

现代企业，管理成本越来越高，单从人力资源的岗位薪资上来说，每年都在提高。管理成本越来越高，薪酬和各种物质奖励花样繁多，虽然短期内可以起到一定的作用，但却是很难持续下去。

管理学上有种说法，员工对企业的期望，第一是加薪，第二还是加薪。所以员工对加薪的渴望是非常强烈的，永无止境的。企业根本无法彻底满足员工的加薪的渴望，工资越加越高，企业成本也越来越沉重。同时，员工的工作积极性，也不一定会随着薪酬的增加而增长。

很多老板发现，加薪的头两月，员工的积极性很高，但半年之后，工作的积极性就会递减。这就是经济学上常说的“边际递减效应”。

其实，也有些老板很愿意拿出一部分利润激励自己的员工，但是应该怎么分呢？分的不合理，不公平，很容易引起企业内部的矛盾，影响员工积极性。

运用游戏计分卡的经验值EXP进行员工排行。经验值EXP就是公司的虚拟货币。作为一种虚拟货币，不用上缴所得税，可谓取之不尽、用之不竭。经验值计分这种虚拟货币，虽然不是直接的金钱成本，但它代表了一种宝贵的精神荣誉，不受实际分值的高低影响。

通常在运用计分排行榜时，不会按照经验的分值进行奖励，而是按照计分排名进行奖励。例如企业可以按照计分排名的前20名，准备20份奖品。这种代表荣誉的虚拟货币，管理成本就变得非常低。

在中国，已有上万家企业在实践运用游戏计分，以中小企业为主，大型企业集团现在也正在尝试这种模式。一些大型企业的运用效果也非常明显。GSC既有完整的理论模型，符合管理逻辑，又有实用的方法以及技巧、软件和表单工具，更有方便使用的、便于统计发布的GSC绩效游戏软件。

此外，运用GSC游戏计分卡接地气，体现人性化管理，新生代的员工，尤其是“90后”“00后”的员工会更喜欢。他们成长在网络游戏的环境里，喜欢PK和游戏化的方式，喜欢尊重和平等的沟通方式。

6.4.2 GSC，提高效率的秘密武器

运用GSC游戏计分卡，还可以显著提高管理效率，增强管理者的过程管理、现场管理的奖罚及时性，形成即时管理的高效率状态。

即时管理，就是即刻的反应和采取的管理措施。即时管理需要中基层管理者对下属每天的工作行为和过程了如指掌，需要经常在部门内走动、观察。管理者对下属的工作行为进行观察、计分并立即发布计分的消息（至少每天定时公布）的这种方式，一般称它叫即时反馈。通过即时管理和即时反馈，上级就能够及时肯定给予、表扬和鼓励下属。欣赏和肯定员工的工作价值是管理者对员工下属的最有效的激励，也是员工的工作积极

性的来源之一。

通过即时管理和即时反馈，管理者还可以及时发现工作当中存在的问题和隐患，进行处理，并对发生问题的岗位及时进行沟通辅导，防止出现突发事件和安全事故。

通过 GSC 游戏计分卡的软件系统，能够建立起即时反馈系统，进行即时管理，提高管理效率，调动员工的积极性。

现实生活中，有些企业的员工每个月的工资可能只有两三千，公司在年底进行统一的考核。员工的考核结果年底会得到一个笼统的反馈。所以年轻的员工对考核时间跨度的忍受力越来越短。这也是为什么现在个别行业，例如餐饮业，一些年轻的服务生，工作流动性非常大。常常是这儿干两个月，那儿干两个月。为什么产生这种现象？就是由于考核时间长度制约了员工在企业工作的积极性。

我有个朋友开饭店，他们搞创新改革，给服务员发日薪。每天客人散掉以后，服务员排队，老板当场发工资。如果一个月 1500 块，假如 30 天都上班的话，一天就是 50 块，50 块就是当天的基本工资。然后就看服务员的服务品质，看看他们得到客人几个“笑脸”，一个“笑脸”按 5 块或 10 块钱兑换，每天下班前统一核算“笑脸”个数。当天晚上老板就发钱，拿得比较高的员工一天可以拿两百多；碰到节假日，最多的能拿五百多。而部分员工拿到的不足 50 元。同一个饭店，有的人只拿 30 元，有的人却拿了两百多元。奖罚不过夜，当下效果好。这就是即时反馈和即时管理。

提高管理效率的同时，还可以提高薪酬分配的公平性。避免出现“忙的忙死、闲的闲死”，收入却没有拉开差距的现象。如果一位员工承担了额外的工作任务或者降低了企业成本，减少了企业消耗，那么可以立刻给予该名员工加分。这种即时高效率，远远胜过提高企业管理效率。

薪酬分配的一种典型现象就是：干活的时候是能者多劳、鞭打快牛；分奖金的时候要安定团结、和谐稳定；多出绩效但个性很强的人可能会被排挤，而善于阿谀奉承的人却节节高升。这样就很容易挫伤员工的工作积极性。所以，运用 GSC 游戏计分卡能够强化中基层主管的管理核心职责，关注和记录下属的工作表现，并采取针对性的辅导训练，从而共同提高团队绩效。

6.5 计分排名的运用

如果我们将经验值计分 EXP 也纳入考核当中，那么它也只能成为绩效工资的一部分。如果我们通过即时发布计分排行榜，不与员工的薪酬挂钩，那么在薪酬之外，开辟了一条有效激励员工的道路，员工得到了计分排行的奖励，每次都像“中大奖”一样，工作积极性怎么可能不提高呢？

6.5.1 让员工像中大奖一样开心

某公司对员工 EXP 的经验值运用智能手机 APP 即时推送加减分消息，并及时公布员工的经验值。每周、每月累积的计分分值和排行榜张榜公布，排名靠前二十的员工可以参加抽奖或兑换奖品，每周计分最高者有奖品一份，每月计分最高者拥有神秘大奖一份，季度计分排名最高者有更大的神秘大奖一份，通常奖品价值是几百元到几千元不等。如季度计分排名第一名奖苹果 iphone 手机或笔记本电脑一台，半年度计分最高的第一名奖励一家三口夏威夷五日游。

如此丰厚的奖品，员工对计分非常重视，日常工作非常努力，这带动了整个企业的工作氛围。此外，员工的计分还可以抵充迟到、早退、休假，一定的计分可以兑换一天带薪假期，甚至可以充抵在别处犯的一个小错误。

在经验值计分的实际运用中，最经常的活动就是排名靠前的员工参加月度抽奖，第一名的有奖，现场有奖品，剩下来的排名前20参与抽奖五份奖品。还可以参加快乐大转盘、摇奖转盘。本月计分除了排名前二十可以参加抽奖，然后排名前五十也拥有一次快乐大转盘的机会。参与的员工都会很兴奋，对其他的员工就有了相当的吸引力。

6.5.2 经验值运用形式

对于经验值EXP计分在薪酬以外的运用，通常有两种形式。

1. 兑换奖品

公司可以建立一个计分商城，员工可以拿自己所得计分的20%到30%用来兑换商城中的商品。例如，某员工年计分是10000分，那就可以拿出2000～3000分来兑换商城中的商品，不同商品也有不同的计分兑换值，例如电吹风200分，电水壶150分，电视机、电脑2000分，等等。

这时借鉴我们过去消费积分的方式，运用到员工激励当中。消费计分，多消费就会多计分，年底计分可以兑换奖品。而员工的计分是越努力工作，计分越多。如果员工一年累积了上万积分，就可以兑换很多的奖品，还可以参与年底评优，直接与年终奖挂钩，或者得到外出旅游、增加福利、晋升职位的机会，甚至可以享受公司的期权和股权。

2. 折算E奖金

如果员工当年计分满10000分的话，就可以折算1000～2000元的奖金。这种奖金激励形式，称之为“E奖金”。E奖金可以无息储存在公司，即每10000分计2000元奖金。一个员工在公司工作时间长，积累了20万计分，就等于他在公司存了40000元钱，在劳动合同期满或离职的时候，公司将40000元钱全部结清；如果是非正常离职，例如被辞退、裁员，也应该发放总数的30%～50%。

运用计分所形成的奖金池，可以给公司的骨干员工一个长期的激励计划。很多企业实施这个计分系统以后，有的员工最高拿到了55万分，也就是 110000 元奖金。所以用经验值计分，员工可以兑换奖品、旅游机会；剩下的总计分，作为公司对员工的长期吸引。

6.5.3 员工计分怎么加

员工的计分怎么加？原则是两级加分、上级审核、员工申诉、公开透明。需要审核再进行加分，确保公平合理，需要记录、反馈、公开，运用红黑榜、排行榜等把它公开出来。

如果下级员工觉得不合理，可以向上申诉，可以越级申诉，或者直接向绩效委员会进行申诉。

一般在进行绩效考核的环节时，还要有一条规定：如果公布出来的绩效考核结果有超过 30% 或者 50% 员工申诉，那当次的绩效考核结果就被视为无效，必须重新考评，直到申诉员工不超过 30%，70% 以上的员工满意为止。这个比例，代表考核结果是基本有效的，是员工能够接受的。针对员工申诉，接受申诉的一方需要耐心地做沟通反馈工作。

本田公司对考核投诉做出了如下规定：

（1）被考核人如对考核结果持有异议，可以采取书面形式向绩效专员或绩效考核委员会申诉。考核管理委员会是员工考核申诉的最终处理机构。

（2）发生申诉事件，首先由绩效专员对员工申诉内容进行调查，然后与员工所在部门负责人进行协调、沟通。员工仍坚持异议的，上报考核管理委员会处理。

（3）绩效考核委员会应在接到申诉请求的 15 个工作日内明确答复申诉人。

对于刚刚建立经验值计分的企业来说，实际操作中，投诉率在一段时间内都会居高不下。如果发生大面积员工投诉，这说明规则设置出现了问题。因此，制订计分规则，每季度或半年就需要讨论，做全面的修订和完善。每月计分项目，可以根据当月计划目标增加或删减，前提是一定要经过总经理办公会（总经办）或全体员工代表讨论通过，谨慎决定。过去的计分规则感觉到不适合的可以修订。

某公司的经验值计分 EXP 中，有一项是下班前要关闭电灯和电源。如果没有按照要求关闭电灯、电源，负责人就要被扣 5 分。但这一项，连续 6 个月都没有员工被减分，那么就证明员工已经形成了下班关闭电源的良好习惯，所以公司取消了这一项。

所以说，公司和部门的计分规则每隔一段时间就需要做一些动态的微调，这样能够更好地适应员工管理的实际情况。

绩效管理和考核方法千差万别，却又大同小异，但最重要的就是促进员工的发展。薪酬绩效与经验值计分，不是简单的“1 + 1 = 2”的关系，而是过程和结果的相互匹配、相互补充，不仅是公司战略上的分解，也是员工执行流程的规范和成长的动力。

第 7 章
计薪资：与薪酬挂钩怎么考核

准备建立绩效工资制度的企业，设计好考核与薪酬的搭配至关重要。企业依据月度、年度的排行进行薪酬分配，可以调动员工的积极性，这是绩效得以提升的重要基础。同样，在推行与薪酬挂钩的绩效考核上如果能将绩效基础打牢，有了比较客观的依据，员工能积极参与，逐步习惯每个月的月度排行，那么再推行与薪酬挂钩的绩效考核，难度就会大大降低。

7.1 薪酬分配的常见陷阱

在薪酬体系中，企业比较通用的薪酬模式是绩效型薪酬，就是员工的收入与其工作结果和绩效达成的状况相关联。但大部分公司的收入与绩效挂钩可能做得不是很到位，甚至误入薪酬分配的陷阱当中。

首先来看看薪酬分配的一些常见的陷阱。

1. 薪酬低于平均水平，设限封顶

很多企业给员工的最高工资进行设限，在薪酬设计上出现了很多这样的承诺：不高于“××元”，最高不超过“××元”……这么做的理由是企业需要进行成本控制。如果员工知道，无论他怎么努力，他的工资上限都是被封顶的话，那么当他努力到一定程度就可能懈怠甚至放弃。

某公司生产部门的薪酬规定上写明：员工完成或超额完成当月考核任务的，绩效工资不得高于基本工资的80%。也就说，如果这个生产部门的考核的关键KPI是每月每人必须生产出100件合格产品，那么生产150件合格产品的员工，也只是比生产100件合格产品的员工的绩效工资多出基本工资的40%。这显然是不合理的。第一，是将绩效工资设限封顶；第二，封顶的绩效工资过低，低于绩效工资设定的平均水平，完全体现不出岗位的价值，这样的考核当然不能令人满意。

2. 同工不同酬或完全同酬，导致不公平

很多企业会计算员工的工龄工资，工龄工资的标准一般在 50 ~ 100 元之间，但工龄工资是有上限的，一般工作 10 年以上的老员工，他的工龄工资最多就固定在 10 年上。

这样就产生了一个问题，即同工不同酬，新来的员工和老员工是同一岗位，但由于实行了工龄工资，薪水就大不一样，这很容易引起员工的不满。

即便取消工龄工资，也还是会出现问题，因为同一个岗位不同人员所做出的价值和贡献是不一样的。那么能否做到同岗位的员工按照价值和贡献不同，薪酬不同呢？这就需要引入一个“绩效工资”来解决这个问题。

3. 工作量不均衡，收入相差不大

员工的收益与付出不匹配，就是其付出的劳动、创造的价值与其回报、收入不相匹配。

4. 调薪、加薪无依据，靠领导主观印象

一些大集团公司常常统一调薪、加薪，年底给每位员工平均都加 5% ~10%，去抵消由于每年的通货膨胀带来的个人购买力不足。每个人都加薪，那么员工之间的工作表现差距怎么体现呢？任务指标完成情况又怎样反映呢？这种调薪和加薪都没有起到正确的激励作用。

5. 拖欠薪资或计算薪水出错

由于考核标准既多又复杂，很多企业都会因为财务工作量大而拖延发薪时间，并且认为拖延一两天不会造成什么影响，但实际上这事关企业的诚信问题。由于考核标准复杂，员工会误认为老板总是想方设法克扣薪水，而且财务人员也很容易忙中出错。

6. 公司的利润不能与员工适当地分享

公司迅速成长的利润成果没有与员工分享，会造成很多员工对公司有意见。很多企业都遇到过这种情况：每年年会，老板都会满面春风地宣布，公司的利润增长了多少，但就是不提涨薪。其实，老板并非都是“大

忽悠”，而是犹豫怎么分享、分享多少。企业分享红利的方式有讲究，否则分享得不好，反而会引发更多的矛盾。

7. 薪资成本控制不科学，没有规划

多数企业会提前做年度业绩规划和工作目标规划，是否同时做了薪资规划、人力和岗位编制的规划？企业应该提前两到三年，做好人力资源规划和薪资成本规划与控制，以配合企业规模和市场的未来发展。

8. 奖罚平均主义，大锅饭

很多企业奖罚没有依据和道理，有些员工工作中出现了失误，企业就要搞“连坐”，所有人都要被罚，而且数额相同。

某公司因为生产部门交货时间延期，企业老板扣掉了生产部门全员20%的奖金。结果有人就有意见了：明明我所在车间按时交货了，为什么要罚我们？

公司的做法就好像一个人生病要求全家人都得吃药，当然不妥，大家都会有意见。

还是上面的案例，设想另外一种情况：如果大家共同获得了奖励，还有人对公司的做法有意见吗？比如说某一个部门得到特别的奖励，然后全公司所有员工都发了奖金。相信这样一来，每个人都会很开心。但这两种情况，都损害企业的管理。

9. 薪酬的组成结构不合理、不科学

一个业务员的工资可以分为固定工资加业务提成。这当中缺少绩效工资，所有员工固定工资都是一个水准，工作两年、五年、十年都是相同的。这也是有问题的。应该采取计分制的方法，适当地采用E奖金方式，弥补这一项的不足。

10. 绩效工资在薪资里面的占比不尽合理

大部分的私营企业都是老板“一言堂”，老板定多少工资就定多少，随意性比较大。

11. 移植、抄袭薪酬制度

很多企业都在网上下载别的企业的考核管理办法，模仿同行的薪酬制度。同行业里的传统做法都是正确的吗？是否需要做什么创新呢？理所当然，绩效考核要根据本公司的实际情况进行改善和创新。

12. 员工的薪酬没有晋升或加薪通道

很多企业对核心骨干员工缺乏正常的晋升和加薪通道，导致工作了五六年的员工加薪幅度小，得不到晋升。

13. 全员薪酬收入与整体销售业绩挂钩

理论上，员工的职责和其可控制的因素，需要跟业绩紧密关联，这样的挂钩才更有意义。否则，一些不是员工能够控制，也没有直接关联的岗位与业绩挂钩，会产生副作用：第一对于业务工作不熟悉，帮不上忙；第二，与业绩挂钩，如果能够拿到比以前多的奖金，当然会开心，否则因业绩下滑，奖金变少，势必会引起员工的不满。

以上就是目前国内企业在薪酬分配方面普遍存在的不合理现象。在绩效管理上，企业界逐渐形成了一个趋势和共识，就是倾向于建立绩效型的薪酬系统，也称之为绩效薪酬或薪酬绩效。

视频 25 企业在薪酬分配方面普遍存在的陷阱和误区

扫码看视频，为你解读 13 个薪酬分配误区。

7.2 常见的绩效薪酬误区

薪酬绩效在绩效管理上有较大的优势，得到企业界的普遍认同。但在实践中，企业在薪酬绩效管理方面还存有四大误区。

7.2.1 绩效薪酬的四大误区

1. 管理层收入差距拉不开

很多企业在薪酬结构上实行平均主义，特别是很多国有企业的工资结构僵硬。

某国有企业，加上绩效工资，一个员工可以拿到4000元左右的固定工资，部门经理也只能拿6000多一点，到了总经理一级，工资则在10000元左右。这样，总经理的工资不到员工的三倍，结果导致该企业总经理换了又换，一直不固定，严重影响企业的正常管理和运作。

高管与主管领导之间的工资级差要拉得够大，一般总经理是最基层员工收入的3~10倍，平均值是5~6倍。这么做的原因是要维持管理级别的稳定，一个管理层如果因为薪资问题不断变动，是管理上的大忌。

但也有很多企业走入了另一个极端，我们称之为高管垄断性央企，总经理年薪要几百万。年薪的多少，要和领导创造的独特价值挂钩。所以薪资差距不拉开不行，差距太大也会使员工有意见。关键是薪酬需要与价值贡献紧密关联。

2. 绩效工资的占比全部一刀切

我们所见过的一些企业搞绩效薪酬管理改革，有 30% 的比例是“一刀切”的，也就是我们所说的“活化绩效”。把员工总薪酬的 30% 拿出来作为绩效工资，进行月度考核。不过这个改革一公布，员工们就不高兴了：本来属于我的 30% 的工资，要拿出来做“活化工资”，如果考核中得不到满分，那工资岂不是比原来还少了？这不是在变相克扣工资吗？

所以，企业应该在原有薪酬基础上增加个 10%，然后再拿出适当比例做“活化绩效”，这样员工的抵触就会少一些。

3. 每个月拿基本工资，年终一次性做总考核

很多企业员工要等到年底，才有机会进行总的年度绩效考核，这样的考核周期过长。也有人认为，将考核周期定在年底，这样可以防止人员流失，因为到了年底，员工就不能随便跳槽。因此，很多企业发放年终奖要拖到春节前。但实际上呢？想走的人总是要走的，留得住他的人，却留不住他的心。

4. 年终奖仅凭老板的主观印象和个人感觉

很多企业的老板习惯私下给干部、员工发福利，还特别要求保密。所以，我们提出一个口号，一切薪酬皆要有依据。私下发福利，缺少客观的依据和理由。如果没有足够的依据，管理方面就会有后遗症。

某公司上年度公司利润大幅度增加，总经理觉得几位高管和部门经理辛苦了一年，想对他们表示一下，就从公司拿了奖金出来，分给他们。然而到了今年，公司的利润下滑，高管们和部门经理同样也辛苦了一年，那么今年还发不发奖金呢？总经理很头痛。

这种凭主观印象和个人感觉，而没有跟个人努力和贡献做相应的评估和挂钩的奖金，容易产生负面影响。

很多企业制定了“薪酬保密”制度，其实每个人都清楚，薪酬保密就是一件“皇帝的新衣”，完全保密几乎是不可能的。那么，薪酬分配的结果到底是透明好还是私密好呢？

在薪酬分配上，我们提倡透明，建议企业有条件就尽可能做到透明，或者大部分做到比较透明。老板对中层管理和员工私下发奖金、福利的做法，很容易产生边际递减效应。没有依据的福利和奖金并没有产生期望的激励作用，甚至可能会加快干部离职。

某公司的一位中层干部，为公司招揽了一个大客户。老板很赏识该名干部，到了年底为了鼓励后者，就发了 10 万元的奖金，结果那个员工拿了 10 万元奖金后就离职了。为什么？因为有了 10 万元奖金，自己就有了在行业内可以彰显的业绩，随便到哪个公司，都可以凭借这个业绩大展宏图一番，还有可能成为高管，比继续留在现在的公司当“夹心饼干”神气得多。

发了奖金，却走了关键人才。那不发福利总可以了吧？其实这其中的关键问题是，福利和奖金应该怎么发才能调动员工积极性，能够留住骨干员工。

薪酬绩效需要用制度去分配利益。薪酬分配的制度要公平、公正、公开，强调“一切薪酬皆有依据”，分配结果皆有据可依。薪酬绩效最大的难处就在于缺少薪酬的依据。

通过对员工行为过程的观察，按照计分规则进行加减分，每周每月就产生了计分排行榜。排名结果就有可能成为薪酬奖励的依据，计分高的员工显然就是优秀骨干分子。统计计分的周期有：总计分、周计分、月计分、年度计分。如果某位员工的周计分、月计分、年度计分的排名都很靠前，属于前 20% 的甲等，那说明这个员工积极努力，属于优秀员工，人事部门就把他列入储备干部重点培养。

如果一名员工的计分排名属于靠后 20% 的丙等，说明他的日常工作表现都不积极，损害了公司的利益，那么对这位员工就应该进行适当惩戒。所以，员工的人品和态度应该怎么判断，依据是什么？应该是上级对员工日常行为表现的观察和记录以及为量化后的分值。

视频 26　绩效薪酬的四大误区

扫码看视频，为你解读绩效薪酬的四大误区。

7.2.2　绩效薪酬的三种类型

绩效薪酬可以分为“上山型”“平路型”和“下山型”。

1. “上山型”绩效薪酬

“上山型”绩效薪酬适合以结果为导向的部门，即很容易衡量工作结果的部门，如营销部和生产部。生产部常常使用计件制，很容易去测量产量和品质。

凡是以结果为导向或以业绩为导向的这些岗位都属于“上山型”，即固定工资占 30% ~40%，绩效工资占 60% ~70%，薪酬所占比例呈现上升的山坡式斜线。

2. “平路型”绩效薪酬

“平路型”绩效薪酬适用于职能和管理部门，主要对员工的职能完成、创造价值或服务的效果考核为主。“平路型”绩效薪酬的固定工资和绩效工资各占 50% 左右，所呈现的比例基本上是一条水平的线条。

3. “下山型”绩效薪酬

“下山型”绩效薪酬适于那些凭经验、凭资历的部门或岗位，它们不直接创造成果，如技术研发、财务部门。固定工资的占比在 70% ~80%，浮动的绩效工资占比在 20% ~30% 左右，两者所占比例呈现下山坡的斜线。

技术型和经验型的工资更多的是入职前的约定工资。例如某公司招聘了一位工程师，行业内工程师的薪酬在 8000 ~ 10000 元左右。在入职前，公司与工程师协商，约定他的月薪在 8000 ~ 10000 元区间内。但实际上，工程师之间的差距是很大的，因为随着经验、资历和才干的积累，工程师的薪酬会逐渐提高。

在制定绩效薪酬制度的过程中，一定要先厘清岗位适合哪一种绩效薪酬类型，避免绩效薪酬的误区。搭配得当，才能让薪酬绩效改革落到实处。

视频 27　绩效薪酬的三种类型

扫码看视频，4 分钟读懂绩效薪酬的三种类型。

7.3 绩效工资应该怎么算

绩效考核完成后，会形成考核结果。绩效考核结果和薪酬中的绩效工资紧密关联，这是绩效考核的重要价值之一。那么绩效工资应该如何与考核结果挂钩呢？绩效工资如何计算呢？绩效工资应该如何发放呢？

7.3.1 绩效工资与考核结果挂钩方法

对于企业的一些支持或辅助部门，例如行政部、财务部门等，绩效考核和绩效工资的计算相对比较困难。生产部门很容易计算产量和质量，营销部门也很容易计算销售额和回款账期。结果不易量化部门的绩效工资与考核结果的挂钩有三种方法。

1. 只与结果挂钩

只与结果挂钩，指的是考核中只设立3~5个关键绩效KPI，关键绩效无法量化，就考核其达成度，并安排填写好每个岗位的《KPI考核表》。

2. 相加法

如果考核结果不明确、不量化，可以运用相加法。相加法就是结果和过程的考核分值系数相加。

3. 相乘法

相乘法指的是结果和过程的考核分值系数相乘，或者多个考核系数之间相乘。这样，考核结果所反映出来的差距很大。

相加法和相乘法所产生的激励效果是不同的。相乘法可以更好地把个人的绩效表现跟整个团队的绩效考核结合在一起，团队成员就会更加感兴趣。这样的考核方法不但关注自己，而且关注部门团队和组织整体。运用利益纽带从而体现团队精神，就好像你中有我、我中有你，相互之间存在利益分割和紧密关联。

可以列出相加法和相乘法的计算公式。K1 为分公司的考核得分，K2 为本部门的考核得分，K3 为个人考核得分，P 是公司的奖金基数。

（1）相加法：个人的奖金 = P ×（K1 + K2 + K3）/3

（2）相乘法：个人的奖金 = P ×（K1 × K2 × K3）/1000

部门总奖金数等于分公司的得分 K1 乘以部门得分 K2 乘以个人得分 K3 乘以本部门的人数再乘以公司的奖金基数。个人的奖金就是分公司的得分 K1 乘以部门的得分 K2，乘以个人的得分 K3，再乘以奖金基数 P，除以 1000 是为了平衡数值，锁定在合理范围之内。

某公司的奖金基数是 3000 元，结果分公司的考核得分是 70 分，本部门的考核得分是 85 分，个人得分是 80 分。运用相乘法，乘完以后得出个人奖金是 1428 元。所以公司的基数是 3000 元，最后能拿到的奖金为 1428 元，占收入总数的近三分之一，因此相乘法可以引导员工不光关注个人得分，还关注部门得分和子公司的得分。

大部分公司的绩效考核计算只与员工相关，员工绩效工资跟部门、分公司的得分没有关联，例如 3000 元的工资基数乘以个人考核得分，就可以得出个人的绩效工资。在正态分布里面可能需要适当进行位移，需要结合分公司和部门的考核结果重新调整出新的系数。所以完全把考核得分直接当成绩效系数进行相乘，也不尽合理，还应该做一些适当调整。

通过适当调整可以得出新的绩效系数，会更合理更科学。例如公司的考核得分是 80 分，80 分对应的奖金系数是 1.0；本部门的考核得分是 90 分，90 分对应的奖金系数是 1.1，要是能拿到 95 分或 98 分以上，奖金系统就应该是 1.2 或 1.3，那这样运用相乘法就很有信心了。80 分系数 1.0，个人工资基数为3000元，那么个人奖金就是2400元。因此，拿员工的考核分数作为系数来乘以奖金基数是不适合的，但是实际上有不少公司就是这样计算员工绩效工资的。

调整后的系数相乘法有几点优势：第一，有部门系数和公司系数相关联，会让员工更关注团队和公司；第二，系数有加有减。过去员工可能会担心绩效考核没有得满分100分的，绩效系数总是在打折，而现在有可能会得到1.3系数。所以把考核分数和绩效系数要进行对应，绩效系数也应该有所奖罚。

7.3.2 如何确定绩效系数

要确定绩效系数，我们首先可以把绩效分为A、B、C、D、E不同的等级。如表7－1所示：C等系数是1.0，D等系数是0.7～0.8，E等系数是0.5～0.6，B等系数是1.1～1.2，A等系数是1.3～1.4。五个等级相对应的绩效分数的排名是：A等绩效评分的排名是前10%，B等是20%，C等是40%，D等是20%，E等是排名后10%。最差E等与最好A等的绩效系数相差了三倍，拉开了较大的差距。

按照绩效评分的排名决定不同的绩效等级，这种方法叫作相对法。在实际的考核应用中，员工个人的绩效等级需要根据部门和团队的绩效等级做适当的位移，分配不同等级的比例和人数，这样才符合企业的实际情况，效果比较好。

表7－1 绩效等级系数

绩效等级	A	B	C	D	E
绩效系数	1.3～1.5	1.1～1.2	1.0	0.7－0.8	0.5～0.6
排名相对法	10%	20%	40%	20%	10%
评分绝对法	90分以上	80～90分	70～80分	60～70分	60分以下

企业常常采用的另一种方法：评分绝对法，即把绩效等级、系数与绩效的评分直接挂钩。如90分以上就是A等，80～90分就是B等，70～80分就是C等，60～70分就是D等，低于60分就是E等。

考核结果发现，有些部门的考核评分全部在85分以上，意味着员工全部都是A等或B等。实践证明，按照绩效分数相对法，要比绝对法更科学合理，在实际运用中更具有操作性。绩效系数有加有减，奖罚对应，绩效拉开了差距，员工才能真正体会到绩效考核的激励作用。

如何运用绩效系数去折算成绩效工资？也有相加和相乘两种方法。相加法是结果与过程的分值相加，用各自的权重系数把公司、部门和个人的绩效系数加在一起来计算。相乘法是结果与过程的分值相乘，是用各自的权重系数把公司、部门和个人的绩效系数相乘来计算。相乘法比较激进，能够拉开收入差距，相加法比较保险，差距比较小。

相乘法计算公式：K1：公司得分，K2：部门得分，K3：个人得分，P是公司奖金基数。

部门奖金总额 = K1 × K2 × 部门人数 × P/1000

个人奖金 = K1 × K2 × K3/100 × P

如：K1 = 80%，K2 = 90%，K3 = 80%，P = 3000元

个人绩效奖金 = 0.8 × 0.9 × 0.8 × 3000 = 1728元

相加法计算公式：权重系数分别为A、B、C，A是公司权重系数，B是部门权重系数，C是个人权重系数，K1是公司得分，K2是部门得分，K3是个人得分。

部门奖金总额 =（A × K1 + B × K2）× 人数 × P/1000

个人奖金 =（A × K1 + B × K2 + C × K3）× P

如：A = 30%，B = 50%，C = 80%，P = 3000元，K1 = 80%，K2 = 90%，K3 = 70%

部门总额 =（0.3 × 0.8 + 0.5 × 0.9）× 人数 × 3000元；

个人奖金 =（0.3 × 0.8 + 0.5 × 0.9 + 0.8 × 0.7）× 3000 = 1.25 × 3000 = 3750元。

上面案例中运用的是绝对法中的相加和相乘，都有一定的缺陷和瑕疵，因为，绩效考核的评分就变成了系数，如绩效考核80分就是0.8的系数。那么使用相对法的结果如何呢？

A = 30%，B = 50%，C = 80%，绩效工资基数 P = 3000 元，绩效评分 K1 = 80%，K2 = 90%，K3 = 80%，绩效系数 K1’ = 1.1，K2’ = 1.4，K3’ = 1.1。刚才相加法的计算公式就是：

部门总额 = （0.3 × 1.1 + 0.5 × 1.4） × 人数 × 3000 元

个人奖金 = （0.3 × 1.1 + 0.5 × 1.4 + 0.8 × 1.1） × 3000 = 1.91 × 3000 ≈ 2641 元

相乘法的计算公式为：

部门奖金总额 = 1.1 × 1.4 × 部门人数 × P；

个人奖金 = 1.1 × 1.4 × 1.1 × 3000 = 1.694 × 3000 = 5082 元。

运用相对法计算绩效工资比绝对法更有益于员工的收入。所以，要留住骨干员工，就要使用相对法。相对法超过了奖金基准，而绝对法是大部分低于奖金基准线，算法不同，收入也不同。具体的考核细节需要根据企业的实际情况做适当的微调。

7.4 高管薪酬怎么拿

企业的高级管理是企业的核心，区别于普通人员的绩效考核办法，高管的薪酬结构更为多样，数额也更为丰厚。现在国内企业的做法是按照年薪计算高管的薪酬，但年薪制度是否科学、合理，又该如何考察监督高管们的日常管理行为，也是绩效考核当中一个亟待解决的问题。

7.4.1 为什么留不住高级人才

很多企业简单地利用高薪来吸引高级管理人才，但结果常常事与愿违。高管的工资应该怎么拿？很多企业高管的年薪制，是否科学合理？

某位企业家非常重视人才建设，他的企业年营业额有几个亿。多年来，他既做董事长，又做总经理；既要面对股东，又要面对全体员工；每每身先士卒，鞠躬尽瘁。但随着年龄的增长，他常感精力不足，于是开始寻找一位职业经理人来帮他管理公司。

一个偶然的机会，他看中了业内一位非常优秀的经理人，于是就邀请对方出任总经理。为了能够让这位经理人答应自己，他开出了年薪两百万的丰厚薪酬。

“你来做我的总经理吧！”

对方还是犹豫不决。

“没关系，我先把两百万打到你的账上，以示诚意！”

结果第二天，这两百万就真的打到了这位经理人的银行账户上。虽然事后这位企业家也犹豫这种做法是否风险太大，但是本着“疑人不用，用人不疑”的原则，还是义无反顾地邀请这位经理人进入公司。

然而让他没想到的是，这位经理人在公司干了半年，就欲离职，而这两百万的年薪，还有一百万没有履行完，结果这位经理人却拒绝退还。最终双方对簿公堂，弄得不欢而散。

上面案例中，这位企业家可谓求贤若渴，但在管理学方面，双方在事先的薪酬约定上就出了大问题。因为短期年薪激励是无法留住高管的心的，只有长期的激励，将高管的薪酬纳入整个企业的绩效管理系统当中，用制度约束住高管的行为，才能避免此类事件的重演。

7.4.2 高管薪酬“四线五区法”

对高管的目标绩效使用的考核方式，我们称之为“四线五区法”。这种方法的首创者是海尔集团。海尔集团在每年年底对高级管理人员的考核称之为“四线五区”，即给高管们的目标绩效划定高、中、低三等不同的标线，标线不同相对应的奖罚措施也不同。

“四线五区法”专门针对年薪制高管进行年底结果导向考核。在年初设定目标时，就划好四个目标线，如图7－1所示：

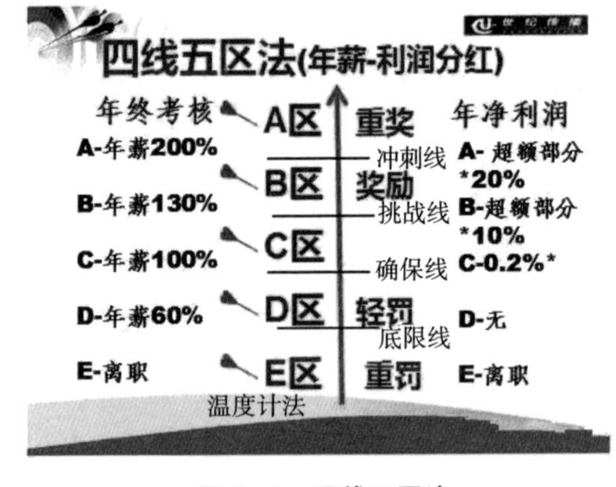

图7－1　四线五区法

D 区下方的一条线叫底限线，上方一条线叫确保线，C 区上方的一条线叫挑战线，A 区下方的一条线叫冲刺线。这四条线分别把整个考核的目标区域划分为五区，这就是考核高管的四线和五区。

不同区域所对应的奖罚措施和程度是不一样的。E 区是在底限线、红线或极限线以下，需要进行重罚。在确保线和底限线之间 D 区惩罚的程度较为轻微，一般起到警示作用就可以了。在确保线和挑战线之间的 C 区采取不奖不罚的办法，就像是交通灯中的黄灯，属于中间状态。挑战线到冲刺线之间的 B 区要进行小幅度奖励，在冲刺线以上部分是 A 区，A 区则要进行重奖。

举例说明：

一位营销总监原定的销售目标是 500 万元，那么，其确保线就是 500 万元，500 万元确保线下面还有一条底限线，即不能低于 450 万元。因这条线可根据上一年度的实际销售情况而定，也就是说，企业的底线是销售量与上一年持平。

企业和高管须提前约定好，如果低于底限值就解除合同或自动离职。如果最后完成销售量在 450 万元至 500 万元之间，当年的年薪就会减少。假设约定是 50 万元的年薪，会有几种情形：

（1）如果当年实际完成低于底限线，即未完成 450 万元，处于 E 区，解除合同或自动离职。

（2）实际完成 450 万元至 500 万元之间，处于 D 区就拿年薪的 60%。扣除每月已发工资，补齐直到满 30 万元为止。本年度考核结束，进入下一年的考核，营销总监职位不变，继续完成下一年考核任务。

（3）如果实际目标达成处于 C 区阶段，确保线是 500 万元，挑战线目标是 600 万元，C 区就处于这个区间内，那么就按照约定好的 100% 年薪支付给高管。

（4）如果高管完成目标达到挑战线以上，在挑战线和冲刺线之间，即处于 B 区，也就是说超额完成总目标 50%，就要对高管进行奖励，即按照约定年薪的 130% 发放薪酬。

（5）如果高管超额完成总目标比例，上升到 A 区，那么企业就要对其进行年薪翻倍（按照约定年薪的 200%），用来奖励他对公司的贡献。

高管的目标达成在哪个区域内，公司就用相应的办法来进行激励或惩罚。让企业高管年薪有浮动，有利于对其有效管理。

而对于销售部门的高管，可以再使用“四线五区”法额外对年净利润进行分红。

（1）在底限线以下 E 区，解除劳动合同和离职。

（2）在确保线以下的 D 区无分红。

（3）处在 C 区，奖励净利润的 0.2%。

（4）处在 B 区，奖励超额的利润部分的 10%。假如超额完成 500 万元的净利润，公司就要奖励 50 万元给高管。

（5）高管完成目标到了冲刺线以上的 A 区，就要奖励超额利润的 20%。例如超额完成任务 1000 万元，那么超额利润奖励就是 200 万元。达到目标冲刺线以上 A 区，除了约定年薪的 200% 以外，还有 200 万元的超额利润奖励。

这就是针对高管们的“四线五区”奖励方法。在管理实践中，企业也常用“三线四区”法，即不设冲刺线，只设三线：底线目标、现实目标、挑战目标，这样的应用对于中小企业，尤其是人力资源成本有限的企业，更为普遍。

7.5 打通晋升任督二脉

要制定科学的绩效薪酬体系，需要有等级、职级的划分，并打通员工的晋升通道。所谓的职级，就好像军衔，与军职的职务不同，就好像职务是军长，其军衔（职级）是中将，向上还有上将。合理的职级晋升制度，是科学制定薪酬的重要依据。

7.5.1 什么是职级

职级是针对企业各项岗位的等级划分。企业的每一个岗位，都可以依据职级进行横向比较。例如：各部门主管、经理属于同一职级。职级是同一层级岗位薪酬维度在级别上的区分，如表7－2，同为工程师，可分为资深高级工程师、高级工程师、工程师和助理工程师四个等级。

表 7－2　某建筑公司工程师职级表

岗位名称	级别	级别定义			
		A	B	C	D
资深高级工程师	A4	以公司的年度经济、技术任务为目标，参与市场开发和技术服务等工作，并参与技术难度较大的攻关工作	以公司的年度经济、技术任务为目标，参与市场开发和技术服务等工作，实现有效的技术攻关工作，以及项目或本部门专业工作的成本控制，独立指导本部门及相关部门员工的工作，成为集团公司内所在专业的专家，同时对相关专业有所了解	以公司的年度经济，技术任务为目标，参与市场开发和技术服务等工作，实现有效的技术攻关工作，指导本部门及相关部门员工的工作，成为集团公司内所在专业的专家，为公司成本控制做出贡献，同时应用对相关专业的了解指导自身及部门的工作	以公司的年度经济、技术任务为目标，参与市场开发和技术服务等工作，实现有效的技术攻关工作，指导本部门及相关部门员工的工作，成为集团公司内所在专业的专家，为公司成本控制做出贡献，同时应用对相关专业的了解指导自身及部门的工作，能够在实现战略的角度及时对所辖工作做出调整，突出阶段性的技术重点
高级工程师	A3	配合主持一般项目和日常工作，独立解决日常基础性问题，确保本专业工作流程的质量，保证对公司相关工作的技术支持	主持一般项目和日常工作，独立解决日常基础性问题，确保本专业工作流程的质量，保证对公司相关工作的技术支持和所辖工作的专业度，指导员工的专业工作，成为公司的专业讲师	主持一般项目和日常工作，独立解决日常基础性问题，确保本专业工作流程的质量，保证对公司相关工作的技术支持和所辖工作的专业度，指导员工的专业工作，成为公司的专业讲师，一定程度上为公司的技术攻关提供支持，实现对本专业、本部门工作的成本控制	主持一般项目和日常工作，独立解决日常基础性问题，确保本专业工作流程的质量，保证对公司相关工作的技术支持和所辖工作的专业度，指导员工的专业工作，成为公司的专业讲师，一定程度上为公司的技术攻关提供支持，实现对本专业、本部门工作的成本控制，同时能够灵活运用本专业知识水平提高部门之间工作的效率，对公司目标的实现起到推动作用

续表

岗位名称	级别	级别定义			
		A	B	C	D
工程师	A2	保证本部门本岗位工作的专业水平，高质量地完成本岗位工作，对本专业工作能够提出改进意见	保证本部门本岗位工作的专业水平，高质量地完成本岗位工作，对本专业工作能够提出改进意见，对本专业员工进行基础知识和专题培训	保证本部门本岗位工作的专业水平，高质量地完成本岗位工作，对本专业工作能够提出改进意见，对本专业员工进行基础知识和专题培训，对项目或本部门工作的进度、质量提供支持	保证本部门本岗位工作的专业水平，高质量地完成本岗位工作，对本专业工作能够提出改进意见，对本专业员工进行基础知识和专题培训，对项目或本部门工作的进度、质量提供支持，保证工作有序高效进行，成为部门的专业技术带头人
助理工程师	A1	辅助部门的项目或日常的专业工作，保证工作的专业性	辅助部门的项目或日常的专业工作，保证工作的专业性，技能娴熟，工作高效，对本专业有较深的理解	辅助部门的项目或日常的专业工作，保证工作的专业性，技能娴熟，工作高效，对本专业有较深的理解，可辅助技术创新、流程优化等工作	辅助部门的项目或日常的专业工作，保证工作的专业性，技能娴熟，工作高效，对本专业有较深的理解，可辅助技术创新、流程优化等工作，并能够对本岗位工作提出自己的见解，使工作得到改进

岗位不同，职级也不尽相同。通用的是五等五级划分法。五等，即企业把职级分为 A、B、C、D、E 五等，E 等为普通员工。每等又分六级，例如同为普工，可以分为初级工、中级工、高级工、技术工、高级技术工等五级。又比如会计、业务员、工程师，或者经理助理、秘书、文员，这些员工显然无论是文化知识技术还是经验要求都要比普工高，所以他们的等级为 D，属于管理型员工。C 等是基层主管，B 等是中层经理，A 等是高管和总监，所以每一等里面都可以分五级。

7.5.2 职级的晋升通道

职级的晋升通道可以分为两大类：管理通道和专业通道（图 7－2）。

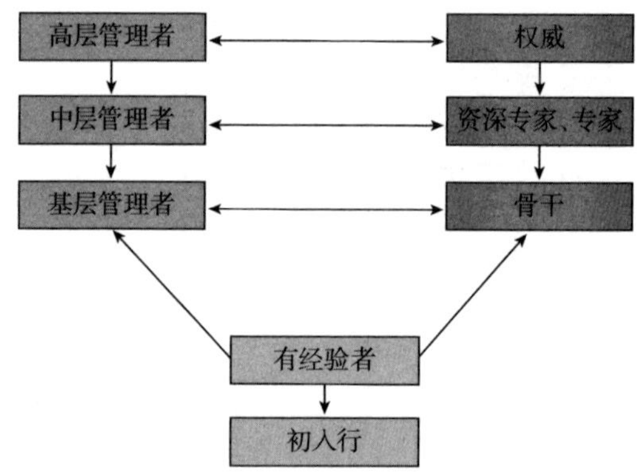

图 7－2 职级晋升通道

如图 7－2 所示，管理通道和专业通道分别分为五大职级。依据企业实际情况，这五大职级的每一级别还可以分为更小的级别如基础、普通、职业等，因此，晋升大职级的难度比较大，小级别晋升相对容易，但是在实际执行中，能够达到公司第五级的人是非常有限的。

专业通道可以分很多种类，由于工程师、产品设计师、市场专员不可能按照一个标准管理和晋升，所以就需要做专业细分。

腾讯公司将其专业晋升通道分为 80 个左右的专业类别，但概括起来主要是四大类别：

T 通道：技术通道，包括研发、视觉设计、交互、运营维护等子通道；

P通道：产品/项目通道，包括策划、运营、项目管理等子通道；

M通道：市场通道，包括市场、战略、网站编辑、商务拓展等子通道；

S通道：包括公司的行政、秘书、采购、法务、财务、会计、人力资源、公关等各个子通道。

职级晋升标准主要依据的指标有工作年限、季度和年度的绩效考核，因此，晋升主要依赖于所在团队的整体考评、员工个人的考评以及企业组织架构的需要。

建立一种由管理和专业双通道所组成的晋升系统，让员工不但从职务，还从职级上得到晋升空间。每位员工不可能都晋升到经理、总监，但是可以不断晋升职级，达到同岗位资深、骨干职级。

企业在薪酬绩效方面，要让员工觉得努力和付出与晋升紧密关联，公开、透明、看得见、有希望，员工才会去努力工作，正向的付出一定会得到正向的结果和回报，这才是科学的薪酬绩效体系的核心所在。

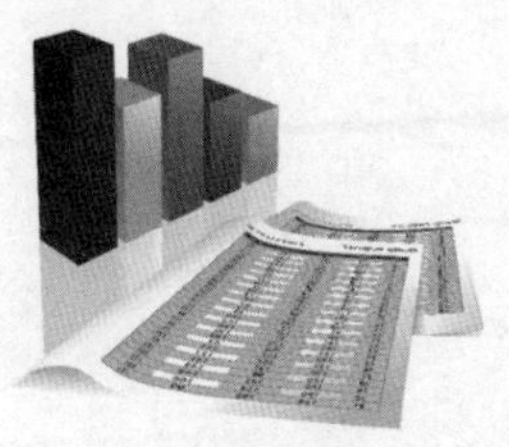

第 8 章
善激励：让员工像老板一样思考

绩效考核不仅能考察管理层和员工的日常工作表现，还可以将其作为实施股权激励的重要手段。说到股权激励，很多企业觉得离自己很遥远，但股权激励的范围是相当广泛的。股权激励的优势在于，员工不再为老板打工，而是为自己打工。试想，如果每位员工都能像老板一样思考，那么企业一定能获得蓬勃发展。

8.1 什么是股权激励

留下的人想跳槽，想要的人招不到，这种现象困扰着很多企业。于是，企业开始学习和引入股权激励计划。但是，在引入股权激励时，该如何划分股权，哪些人应该分，分股多少，就成为问题的关键。

8.1.1 股权激励与绩效管理的关系

要解决股权激励的对象，就不可避免地涉及绩效管理。股权激励和绩效管理就像孪生姐妹，它们的关系相辅相成。

我们都知道基本的股权激励的概念，即将公司的股权（实股、虚股）奖励给为公司做出了巨大贡献的员工。那么激励的依据就是绩效考核结果，只有通过公正、公平、科学的绩效考核，才能使股权激励体现公平性和激励性。

第一，股权激励可以让公司的绩效管理水平得到大幅度提升。股权激励的目的是调动员工的工作积极性，要保证激励机制有效，就要通过某种管理方法去实现，因此，绩效管理体系就有了存在的必要。要做到股权激励的公平性和激励性，就必须建立科学、有效、公平、公正的绩效管理体系。因此，股权激励也促进了绩效管理的提高和完善。

第二，股权激励和绩效管理的目标一致性。实施股权激励，能够让员工像老板一样，成为企业的主人。这样可以更大程度地让员工发挥才能，提高企业业绩，使企业不断成长壮大。

绩效管理，就是通过建立目标管理体系，实施绩效计划、绩效沟通、结果考核、绩效反馈等过程，让员工明确自己的目标和岗位职责，通过考核来收集员工的绩效样本，对结果进行分析和改进，从而提高企业的业绩。从上面两点可以看出，绩效管理和股权激励的目标是一致的。

第三，股权激励是绩效管理的有效表现形式之一。

绩效考核结果决定绩效薪酬的浮动，对员工有着很大的激励效果。如果再引入股权激励，员工的积极性会更高。因此，股权激励是一种绩效管理的有效表现形式。

不难发现，要做好股权激励计划，首先要建立有效的绩效管理体系，通过成熟的绩效管理体系，股权激励就会成为一个强有力的激励工具。

8.1.2 股权激励的相关概念

弄清股权激励和绩效考核的关系，便于进入实际操作和应用。此外，我们还必须区分以下相关概念。

1. 股权、股份与股票股权

股权即股东的权利（股东权），是有限责任公司或者股份有限公司的股东对公司享有的人身和财产权益的一种综合性权利，是现代市场经济社会商人的特权。

股权因公司设立时出资，或因公司增资时入股，或因股权受让，或因受赠，或因共有财产分割和遗产继受，或因股票等证券市场交易而取得。

股份，指的是股东对股份企业具有的投资。一般是专指股份有限公司把股本总额按相等金额划分的最小单位，每一股份代表一定金额的股本。股份内涵包括股东权利、资本和股票三个方面。股份代表对公司的部分拥有权，分为普通股、优先股、未完全兑付的股权。

A 公司 2013 年成立时，共投资 2500 万元，其中刘某投入现金 220 万元，把一幢住房转入 A 公司充当员工宿舍折计 30 万元，则刘某共投资 250

万元，占总股份的10%。

2014年以1：1.2，刘某花60万元从股东李某手中购买50万股，这时刘某共投入310万元，占总股份12%。2014年底A公司资产共5000万元。

股票是股份有限公司为筹集自有资本而发给股东的入股凭证，它可以作为买卖对象和抵押品，成为资金市场主要的长期的信用工具之一。股票按股东权力，可分为普通股、优先股和混合股；按票面形式，可分为记名股票、无记名股票、有面额股票、无面额股票；按持股主体，可分为国家股、单位（法人）股和个人股；按发行对象，可分为A股、B股、H股、N股、S股。

2. 实股、期股与期权

实股是“虚股”的对称，通常把花钱购买的股票叫作实股。期股是企业所有者向经营者提供激励的一种报酬制度，其实行的前提条件是企业经营者必须购买本企业的相应股份；具体体现在企业中，就是企业贷款给经营者作为其股份投入，经营者对其拥有所有权、表决权和分红权。其中所有权是虚的，只有把购买期股的贷款还清后才能实际拥有；表决权和分红权是实的，但是分得的红利不能拿走，需要用来偿还期股。要想把期股变实，必须把企业经营好，有可供分配的红利。如果企业经营不善，不仅期股不能变实，本身的投入都可能亏掉。

期股的特点是：来源途径丰富，既可以通过个人出资购买，也可以通过贷款获得，还可以通过年薪、薪酬中的延迟支付部分转化而成。期股的最大优点是；企业内部股票持有者收益难以在短期内兑现，股票的增值与企业资产的增值和效益的提高紧密联系在一起，这就促使持有者将会更多关注企业的长远发展和长期利益，从而在一定程度上解决了持有者的短期行为。

“年薪制+期股”这种激励模式已被越来越多的企业认可，并逐渐成为继年薪制之后，对经营者实施长期激励的有效措施。期股获得方式的多样化，使持有者可以不必一次性支付太多的购股资金就能拥有股票，从而实现以未来可获得的股份和收益来激励员工更努力地工作。

期权激励，就是企业所有者提供的一种在一定期限内，按事先约定的价格购买一定数量的企业股份的权利。期权激励的主要对象为企业的主要经营者，原则上是董事长、总经理。

弄清股权激励中的相关概念，有助于我们下一步构建股权激励模型。

8.2 股权激励 9D 模型

股权激励的 9D 模型是在大量股权激励实践经验的基础上，结合不同类型、不同发展阶段的企业特点和需求所产生的股权激励设计和实施控制模型。9D 模型又包含九大要素，明确了股权激励设计前的准备工作。

8.2.1 何为 9D 模型

9D 模型即股权激励方案设计、实施效果控制的九大元素与控制模块，它们是针对不同企业现状与发展前景，提供“量身定制”的股权激励方案与保证实施效果的应对策略。9D 模型包含以下九大要素：

（1）定目的——确定股权激励的目的；

（2）定对象——确定激励的对象；

（3）定模式——确定合适的股权激励模式；

（4）定数量——确定股票的数量与分配比例；

（5）定价格——股权激励计划中的价格界定；

（6）定时间——股权激励计划中的时间安排；

（7）定来源——确定股票和资金的来源；

（8）定条件——确定股权的管理、行权条件；

（9）定机制——确定参与、调整及终止股权激励计划。

8.2.2 股权激励的九大要素

要素1：定目的

不同性质和规模的企业，以及本企业处于不同的发展阶段，实施股权激励的目的是不同的，有的是为了留住对企业发展有贡献的管理骨干和核心技术人员；有的是为了调动员工的工作积极性，发挥其工作潜力，为公司创造更大的价值；有的是为了回馈老员工和促进新人成长……

明确实施激励的目的，是企业制定股权激励计划的第一要素，明确了目的，也就明晰了股权激励需要达到的效果，接下来才能据此选择合适的激励模式，确定相应的激励对象和实施程序。

要素2：定对象

“定对象”即确定股权的授予对象，也就是期权的持有人。在激励计划中，激励对象的选择通常由公司的董事会决定。那么，应选择哪些人作为激励对象呢？

通常，激励的对象仅限于公司的高管，以及能促进公司未来发展的管理骨干和核心成员。除此以外的其他员工，若要成为激励对象，须具备合理性。

目前，激励对象范围渐渐扩大，像华为的“全员持股”，将普通的员工纳入激励计划的范围之内。需要注意的是，在确定激励对象时，要综合考虑员工的职务、业绩和能力。

要素3：定模式

股权激励的模式和方法很多，每隔一段时间，还会有新的激励模式出来，如股权众筹等利用移动互联网的激励模式。企业要根据自身环境以及所要激励的对象，选择有效的股权激励方法。

在国内，虚拟股票（股份）和账面价值增值权等模式在中小企业运用非常多；期股、员工持股计划、虚拟股票（股份）等模式在非上市公司中得到广泛运用；股票期权、业绩股份、延期支付等模式则是上市公司的首选。

如果企业的激励对象是高管，可以选择期股、业绩股份和股票期权等方式；如果激励对象是“重要员工”，激励模式可选用限制性股票和业绩股份；如果激励对象是销售部负责人或销售骨干，则业绩股份和延期支付的激励模式比较适用。

要素 4：定数量

定数量即企业需要确定要授予的股权数量，它包括股权总量和个量两方面内容。

（1）股权激励总量

股权激励总量是指可以用于股权激励的股权的量占总股本的比例，不同行业、不同规模、不同发展阶段的企业授予股权总量不同。一般地，企业对授予的股权激励总量都严格地控制在股本总额的 10% 的范围内。根据大量实践，高管、中层和骨干员工股权激励数量按照 4：2：1 设置比较合理。

（2）股权激励个量

股权激励个量指的是每位激励对象获得的股权数量。每位对象获授的本公司股权不得超过公司股本总额的 1%；高管个人股权激励预期收益水平，应在薪酬总水平的 30% 以内。

要素 5：定价格

定价格即股权的回购价格和行权价格。行权价格是指激励对象购买公司股票（股份）的价格。公司一般根据授予日当天的股票市价确定行权价格，有的略高或略低，差额通常在 10% 以内。

回购价格是公司股东购买激励对象转让的股票（股份）的价格。这个价格的确定，一方面以转让日公司每股内在价值（或每股净资产）为定价基础，另一方面也是转让双方谈判的结果。

要素 6：定时间

定时间，是指股权激励的时间安排，包括：股权授予日、有效期、等待期、可行权日及禁售期等。通常，股权授予日与获授股权首次可以行权日以内的间隔不得少于 1 年，并且需要分期行权。

要素 7：定来源

定来源，有两方面，一是定股票来源，二是定资金来源。

定股票来源，即确定用来激励的股票（股份）的来源。主要的来源有：发行股票（股份）、回购本公司股票（股份）以及采取法律、行政法规允许的其他方式等。

定资金来源，即确定激励对象股票（份）的资金来源，其来源一般有直接出资、工资、奖金、分红抵扣、企业资助等。

要素8：定条件

定条件指的是股权的授予需要满足企业一定的条件。主要指的是激励对象的业绩和能力，只有业绩和能力考核达到了企业的要求，才能被授予股权，反之就不授予。

要素9：定机制

股权激励计划的设计实施是系统性的工程，在设计好以上要素后，还应制定一系列管理机制，包括：激励计划的管理机制、调整机制、修改与终止机制等，为股权激励计划的顺利实施保驾护航。

对于股权激励计划的管理，企业可以进行内部管理，也可以外包给股权专家或其他企业咨询机构来处理，而选择哪一种激励方案，将最终影响企业的成本和效益。

8.3 公司实行股权激励的常见问题

一个企业的生存和发展，首先离不开人才，其次取决于企业激发员工工作的热情和凝聚力。在很多股权激励计划的实践中，能否留住人才，能否激发员工工作积极性，具备凝聚力，决定了股权激励最终的成败。这是每个企业领导人都十分关注的问题。对于公司来说，都想做到“财散人心聚”。

8.3.1 如何做到财散而人聚

简单依靠好的工作环境，或“工资+奖金”的方式，在当今激烈的人才竞争中，已经不能取胜了。人力资源管理应该注重整体报酬理念。整体报酬包括薪酬激励（基本薪水、奖金、长期激励）和学习发展机会以及福利、工作环境。根据调查，与现金薪酬相比，公司员工更看重长期激励、学习发展机会以及工作环境。

因此，很多企业如果不能及时实施合理的股权方案，恐怕“人才流失之痛”会一直困扰下去。

蒙牛集团董事长牛根生曾说：“企业利润降低了，我就会不安。但企业利润高的时候，我也会同样不安。盘子小了，不够员工分；盘子大了，员工都会盯着看，看你是不是动了他们的利益，在这两种情况下，人才就很容易离你而去。人才一走，企业的生态就崩溃了，你的利益也就不存在了。”

牛根生所说的这种隐忧，在国内大多数企业成长的过程中，都会出现。出现这样的现象，主要有两方面因素：

1. 缺乏有效的长期激励机制

企业过于依赖短期考核中所给予员工的现金激励。短期考核固然重要，但它无法打造可持续的竞争力。其次，在短期激励的横向对比中，总是实力强的公司优于实力弱的公司。因此，实力相对较弱的公司在人才方面就会失去优势。

2. 缺乏对报酬工具的重视程度

很多企业没有充分发挥报酬工具的作用，不能激励和留住人才，没有跟踪、了解人才市场的薪酬水平。很多国外企业经常会进行薪酬调查，收集市场薪酬数据，用以分析本公司薪酬的市场竞争力，并确定新的薪酬标准。

那么，如何利用股权激励，做到“财散而人聚”呢？

（1）不要把股权激励做成“股权奖励”。

很多股权激励失败的原因，在于企业没有领会股权激励的灵魂，而把股权激励做成了“股权奖励”。股权激励与“股权奖励”截然不同，“奖励”强调公开、公平，而“激励”更注重效率。员工的职位高低和历史贡献大小是“奖励”的依据，但不是“激励”的依据。“奖励”着眼于过去，“激励”更看重未来，致力于提升企业的经营绩效。如果将“股权激励”做成“股权奖励”，不但不会收到效果，还会严重损害其他股东的利益。

（2）把股权激励提升到企业经营的高度。

“让员工51%给自己干”，这是牛根生的管理心得，也是蒙牛得以迅速崛起的原因。在蒙牛的成长过程中，股权激励的激励作用体现得淋漓尽致。作为公司的掌舵人和最大股东，拿出自己的股份，激励员工，当然是一种散财行为，因此，股权激励也是企业家博大胸襟的一种展现。从这个角度来讲，成功推进股权激励，不仅是对企业家管理能力的挑战，更是对其心胸开阔度的考验。

（3）大力宣贯激励方案，引导员工。

股权激励的效果在很大程度上取决于激励对象对激励方案的认知程度和接受程度，所以，在激励方案制定的各个阶段，都应充分听取激励对象的意见和建议，这样做出的方案才符合员工的“胃口”。

8.3.2 如何防止激励中的“搭便车”

“搭便车”是管理学中一个很常见的名词，它是指在团队生产中，由于团队成员的个人贡献与所得报酬没有明确的对应，内部出现坐享他人劳动成果的机会主义倾向，团队成员缺乏努力工作的积极性，最终导致团队工作无效率或低产出。

股权激励中的“搭便车”是指在企业内，很多行政、技术等管理部门的中层管理者和员工，不直接为企业创造业绩，缺乏改善企业业绩的动力，但却成为股权激励的受益人。这种结果必然会引起那些直接创造业绩的人才不满。原因是他们不愿让众多“搭便车”者沾光，他们想要的是个人报酬与公司业绩之间建立更直接的联系，而不是被其他员工和部门的行为占有部分劳动成果。

那么，如何杜绝“搭便车”的现象呢？

1. 划定人员是否需要认定持股资格

很多企业在内部进行大范围股权激励计划，想让人人都受益，将每个岗位纳入计划当中。问题在于，无论是中层管理者，还是普通员工，都存在着能力水平参差不齐的现象，有的人员本身并不符合岗位要求，只是由于历史原因，仍然担任一定的管理岗位。在这种情况下，如果简单地将员工股权激励和岗位挂钩，不但起不到应有的激励作用，而且有可能在持股人员内部引发不必要的矛盾。

股权激励不能简单地与公司岗位挂钩。企业应该首先进行岗位考评，针对不同的管理岗位制定不同的考评指标，并对现有人员进行评价，达到标准者继续留任，不合格者调任或者离职。然后，通过内部竞聘上岗方式，补齐空缺的管理岗位。最后，在人员明确的情况下，制定员工股权激励计划。

2. 激励数量如何确定

“人人持股”不可取，“平均持股”同样要不得。股权激励向最核心、最骨干的员工进行倾斜。因此在制定员工股权激励计划中，如何确定每个人的持股数量也是一个棘手的问题。

要解决这一问题，首先就要建立完整的考核体系。如果是针对老员工，就需要给老员工以往的贡献进行系统的考核和评价，并将评价结果与股权激励数量挂钩。

如果是对岗位价值的认定，就需要对岗位本身进行考核，例如职责大小、决策风险、承担风险等，并将评价结果与股权激励数量挂钩。

总体而言，要确定不同人员的具体持股数量，需要建立一套系统的考评体系，对不同的人员进行横向比较，从而明确他们的相对重要性，再与股权激励数量挂钩。

在实施过程中，企业还经常会碰到这样的情况：员工持有股份以后，觉得自己有了长期的保障，反而工作表现变差，比原来更加难以约束。

要解决这个问题，就要在实施激励前对员工持有、增减、退出股份的条件、时间、价格等做出限制和约定。目的就是要表现出员工股权激励的特性，把持股与员工的工作表现有效结合。

员工甲持有某企业6%的股权，根据事先约定，如果年度绩效考核成绩为不合格，则甲必须退出2%的股权，价格按原先购买时的原价计算；如果连续两年绩效考评成绩不合格，则甲必须离开原岗位，所持股份必须全部退出，价格按原价计算。

股权激励是长期激励方式，只有对公司有帮助的人才持股才有激励意义。因为只有人才的努力才能提高股权的价值，要让股权激励计划成功，首先就必须明确企业的激励是依靠谁、为了谁。否则，任何不科学的股权安排一定达不到最终目的。

8.4 股权激励的常用模式

股权激励不仅是上市公司进行企业管理的内容之一，也是非上市公司吸引和留住人才的重要手段。对于现代企业来说，不是要不要实施股权激励的问题，而是如何选择适合本企业的股权激励方式，使其更有效实现激励作用。通常，股权激励的方式有股票期权、虚拟股权、年薪和虚拟股份结合、干股股权等。

8.4.1 股票期权

股票期权模式，通常多在股份制公司使用，公司给予特定的激励对象购买本公司股票的权利。激励对象可以在规定的时期内以事先确定的价格购买公司的股票，也可以放弃购买股票，但股票期权本身不可转让，也不可用于抵押和偿还债务。

实际上，股票期权是公司给予员工的一种激励报酬，该报酬能否取得，取决于公司整体经营战略目标能否完成，经营战略目标完成了，则公司股价超过行权价，激励对象就可以领取到市场价与行权价的差价所带来的丰厚的回报。目前，国内比较成功的企业，像清华同方、中兴科技，实行的就是这种激励模式。

股票期权的授予和实施，必须通过具体的操作程序或流程。

1. 实施激励计划的程序

（1）董事会负责制定激励计划；

（2）监事会核查激励对象名单；

（3）股东大会审议激励计划，监事会就激励对象的审核情况进行说明；

（4）股东大会批准激励计划；

（5）由董事会办理具体的股票期权授予、行权等事宜。

2. 股票期权的授予程序

（1）董事会制定股票期权授予方案；

（2）监事会核查激励对象的名单；

（3）经股东大会通过，授予条件满足后，对激励对象进行授予，并完成登记等相关程序；

（4）公司与激励对象签署《股权激励协议书》。

3. 股票期权行权程序

（1）激励对象在可行权日内，提交《股票期权行权申请书》向公司确认行权的数量和价格，并交付相应的购股款项；

（2）公司在对每个期权持有人的行权申请作出核实和认定后，按申请行权数量向激励对象定向发行股票或转让股份。

8.4.2 虚拟股权

虚拟股权指公司授予特定激励对象一定数额的虚拟股份，激励对象不用出资，通过授予的虚拟股票，可以享受公司价值的增长，利益的获得需要公司支付。激励对象本身没有股票的表决权、转让权和继承权，只有分红权。

虚拟股权的收益主要来源于股东对股权收益的让渡。在虚拟股票持有者实现既定目标条件下，公司支付给其收益时，既可以支付现金、等值的股票，也可以将两者结合来支付。

虚拟股票的本质是激励对象通过虚拟股份，来分享企业剩余价值，将自身的长期收益与企业绩效挂钩。

相对于其他激励模式，虚拟股权操作更加简化。虚拟股权方案的制定、操作均只须公司内部通过，它的本质实际上属于绩效考核制度的一环，属于企业内部管理问题。

同时虚拟股权的影响可以一直延伸，并不因为股票价格、行权等事项而受到影响，其最大的优势在于利用虚拟股权给予的分红权可以极大地调动企业员工为企业出谋划策的积极性。

8.4.3 年薪和虚拟股份的结合

年薪和虚拟股份结合的方式，是相对于领取年薪的激励对象设立的。激励对象的年薪一般包括工资和分红、提成等，公司可以和激励对象约定，在年薪当中的分红和提成部分转化为虚拟股份，规定一定的持有期限，到期后一次性以现金形式兑现。这种年薪和虚拟股份的结合主要有以下特点。

1. 有赔有赚，让员工加倍努力

在这种激励机制下，企业管理人员的分红、提成部分滞后兑现，最终兑现的数量与之后几年经营业绩有直接关系。激励人员可以因企业经营业绩的增长而在将来获得可观的奖金，也可以因业绩的下降而得不到奖金。

2. 选用关键财务指标代替股票作为激励的基础

由于大多数企业都为非上市企业，股票不能流通，以股票作为激励的基础，股票的变现价如何确定无法把握，而年薪虚股制的具体设计方案容易把握，故选用关键财务指标来作为激励的基础，则能有效地解决这个问题。

8.4.4 干股

干股即股份赠与，是股东和激励对象就股权激励方案签署一份股权赠

予协议，以该协议为依据，激励对象获得一定数量的股份分红权。

实施干股时，需要注意以下几点。

1. 干股取得的方式为无偿取得，不需要激励对象用自己的资金购买；

2. 干股是否有表决权，取决于股东和激励对象签署的赠予协议约定和公司章程；

3. 激励对象所取得的干股是没有交易权的，不能买卖；

4. 干股不受公司股价高低的影响。

8.4.5 员工持股计划

“员工持股计划”（ESOP），即公司拿出部分股份由员工持股平台持有，持股平台按照一定的运作规则分给符合条件的员工，公司内部员工个人出资认购本公司部分股份，并委托持股平台进行管理的一种股权激励方式。

ESOP 有两种类型，一种 ESOP 由员工直接持股，另一种就是由员工持股会间接持股，且范围不能为全体员工。

员工持股的购股方式如下。

（1）员工以现金方式认购所持有全部股份；

（2）员工通过融资方式（可以是大股东也可以是公司向员工提供专项基金）来认购所持股份；

（3）公司以累计的考核计分转化为员工股份分配给员工；

（4）从公司的福利中提取一部分用于购买股份分配给员工。

一般来说，这四种方法可以结合使用，其目的是最大限度地满足激励计划的需要。

以上五种股权激励方式，是在企业中最常见的激励模式。可以看出，有大量资金支撑的大企业可以利用股票期权、员工持股的方式进行股权激励，而大部分非上市公司、民营企业，可以使用虚拟股票和年薪和虚拟股票结合的方式进行股权激励。要根据企业不同情况和发展阶段决定。

8.5 有限责任公司股权激励方案

按照公司性质，如果只考虑非上市公司，就可以把公司划分为有限责任公司和股份有限公司两种。不同公司类型，股权激励的设计也不尽相同。有限责任公司数量众多，其案例也较为典型。

8.5.1 有限责任公司股权的特殊性

根据《中华人民共和国公司法》，对上市公司的股权激励做出了明确规定，而非上市公司，特别是许多有限责任公司和股份有限公司并没有明确的规定。但同时，对这些公司的股权激励，并没有现成的模式和方法。对于法人独资的有限责任公司来说，也不可能按照上市公司的规定来实行股权激励。因此在实施股权激励方面，有限责任公司有其特殊性。

1. 股份价格和股份数量不明确

由于有限责任公司不实际发行股票，就没有明确的股份价格和股份数量。要实施股权激励方案，公司首先要将资本划分为若干虚拟股份，利用公司内部对公司资产的评估与核算，对公司的资本进行股份化。

2. 股东人数的限制

按照《公司法》的规定，有限责任公司的股东应该设定在50人以下。这样一来，如果有限责任公司想进行员工持股计划，广泛地进行激励，就会很困难。为此，很多公司采用间接持股的方法，让员工不以股东身份持股，而是通过持股会、工会、自然人代持和信托等持股载体来享有股权。

3. 股价的确定

有限责任公司股份价格，只能委托专业中介机构根据财务指标来确定。定价时要注意以下三点。

（1）定价要反映公司达到某种财务标准；

（2）模拟公司上市，再定价；

（3）行业总体水平。

8.5.2　有限责任公司股权激励的具体方案

1. 业绩股份

业绩股份和激励对象的业绩表现挂钩，例如，在每年年初，公司要确定各激励对象的业绩目标，如果激励对象达到预定的目标，则公司可以授予激励对象一定的公司股票。业绩股份的流通变现通常有时间和数量限制。激励对象在若干年内经业绩考核通过后可以获准兑现规定比例的业绩股份。

这种方式的优势在于：能够让激励对象努力完成业绩目标，具有较强的约束性。激励对象获得奖励的前提是实现业绩目标，并且股权收入是逐步兑现的。业绩股份无论在法律上还是公司在治理上，都比较规范。

业绩股份的实施主要涉及以下几个问题。

（1）公司的股份从哪儿来。

业绩股份的来源可以是公司向激励对象发行新股份，也可以是老股东的股份转让，公司设立的预留股份等等。

① 向激励对象发行新股。

在中小企业中，以发行新股份的方式进行股权激励的方式比较常用。这样做，企业通过增资，增加资本金，在特定时期缓解公司资金紧张的问题。但公司总股本的设置必须与其发展相适应，保持股东有合理的回报率。

② 老股东转让股份。

为了企业的长足发展，很多有限责任公司的初始股东可以将自己所持的部分股份让渡给激励对象。

③ 公司设立时预留部分股份。

根据《中华人民共和国公司法》第 26 条规定，有限责任公司实行授权资本制度，首次出资额不得低于注册资本的 20%，也不得低于法定的注册资本最低限额，其余部分由股东自公司成立之日起两年内缴足。因此，公司在设立时，可以预留出部分股份作股权激励之用。

（2）激励对象购买资金从哪儿来。

激励对象购买业绩股份的资金，主要来自以下几种方式。

① 从公司的税后净利润中，提取一部分作为奖励基金，给予激励对象，专用于购买公司的股份。

② 从年薪中分红和提成中，提取一部分，用以认购股份。

③ 公司可以划出一部分资金无息借贷给激励对象，用来购买股份，然后从年薪中定期扣还。

（3）持股者有哪些权利。

业绩股份由公司统一发放份额和登记证书，在规定期限内，激励对象对所持有的业绩股份享有分红权，没有表决权。

（4）业绩股份的兑现。

激励对象可在约定的时间向公司要求，按照最近评估价格，进行股份兑现。

（5）业绩股份的变更。

激励对象因职务变更、离职等原因，不再具备业绩股份持有资格的，则尚未认购的股份取消，已认购的股份由公司以认购成本价购回。

2. 股份期权

股份期权是指公司授权激励对象，在未来以预先确定的价格购买本公司一定数量股份的权利。股份期权的最终价值体现在购买价和行权价的价差上。

该方案通过发行股份期权，将激励对象与公司未来的发展紧密结合在一起，降低了企业的激励成本，同时又达到了激励的目的。

在实行股份期权激励方案时，要注意以下几个问题。

（1）行权价格的确定。

行权价格是指公司向激励对象预先确定的购买公司股份的价格。股份期权行权价的确定一般有三种方法。

一是现值有利法，行权价 < 当前股价；

二是等值法，即行权价 = 当前市价；

三是现值不利法，即行权价 > 市价。

（2）授权日和可行权日。

授权日即公司授予激励对象股份期权的日期。大多数公司每年一次授予股票期权，通常是在激励对象受聘、升职日。

可行权日，指激励对象开始行使股份的日期。股票期权计划中应该安排行权时间表，时间表多采取匀速与加速相结合的形式，允许激励对象逐步分批行权。

3. 虚拟股票

虚拟股票即公司通过向激励对象发行虚拟股份的方式，使激励对象享受股份溢价。公司发行虚拟股票，不用回购股份或增发股份，解决了股票来源问题。而激励对象也不用直接支付购股金，解决了其资金来源问题。

实行该方案主要涉及以下几个问题。

（1）虚拟股票的来源。

公司在激励对象要求行权时不必回购股份，而是为激励对象开设专有账户；激励对象在开户当期也无须支付现金，在公司内部登记收款记录即可。股票持有期限到期，按照当期核算的内部市场股价向激励对象支付股份中的升值部分，并同时销去激励对象的应收款账户。

（2）虚拟股票期权所需资金来源。

虚拟股票期权所需资金主要为公司的奖励基金。公司每年拨出一定数量的净利润，作为虚拟股票的资金来源，但由于净利润的分配一定会影响部分股东权益，所以，提取比例要由公司股东决定。

（3）虚拟股票期权的行权价格。

虚拟股票的行权价取决于内部市场价格。通常由第三方中介机构根据公司的各项财务指标来确定。

以上三种方案，无论使用哪一种，都要首先确定公司资本来源及激励对象资金来源，如果有限责任公司有成熟的绩效管理体系，就可以综合以上几种方式，设计最适合本公司的股权激励方案。

8.6 股权激励的实施步骤

很多公司都制定了股权激励方案，但到最后，方案形同虚设，没有让激励方案落地。究其原因，是不清楚具体的股权激励的操作步骤和流程。不管公司实施何种股权激励模式，实施步骤大致相同（图 8-1）。

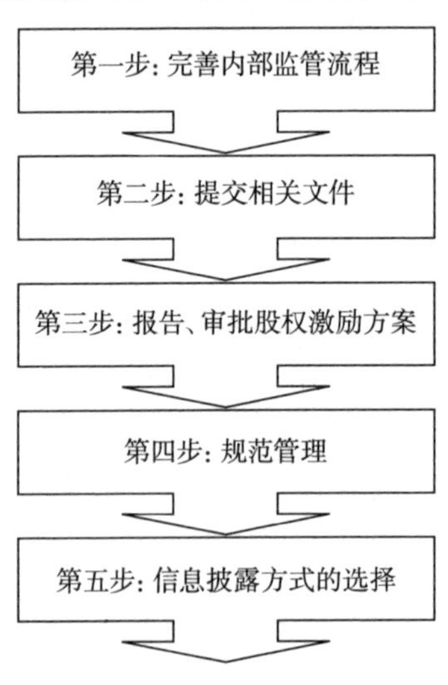

图 8-1 股权激励步骤

第一步：完善内部监管流程

股权激励之所以能够健康运行，健全的内部监管系统是关键。内部监管系统包括独立的董事制度。董事会由股东大会选举产生，由全体董事组成，行使公司的经营管理权。一般情况下，股权激励需要得到股东的同意，并授权给董事会具体实施。董事会依据授权履行以下职责。

（1）筹建薪酬委员会；

（2）薪酬委员会提交股权激励计划，董事会负责审核和批准，再由董事会提交到股东大会，最终方案由股东大会审核通过；

（3）决定股权的授予额度、时间，确定行权计划，报股东大会审批；

（4）审核并批准其他激励配套制度，并报股东大会批准；

（5）授权薪酬委员会审核被激励对象的资格，并对特殊情况进行调整；

（6）提出修改或终止股权激励计划的意见，报股东大会；

（7）董事会有权终止股权激励计划；

（8）做好信息披露工作。

根据通用的企业规则，公司董事会至少应有 3 名独立董事。独立董事所谓独立，一是独立董事必须由来自于非本公司的人员担任；二是独立董事能独立履行其职责，不受其他团体和个人的影响，独立董事不代表任何股东或个人的意见，可以做出自己独立的判断。

某外资公司任命外籍人员史密斯担任公司总经理，全权负责公司的日常经营。但这家公司的股东很快发现，史密斯在担任总经理期间，默许许多高管利用职务上的便利，建立自己的外资公司，并声称为该外资公司的子公司，纷纷将很多本来是该公司的业务转移到自己的公司。在此过程中，由于史密斯的默许，高管们的行为没有得到有效的监督，财务等工作人员完全受他们摆布，股东们几乎丧失了对公司的实际控制权。

于是，股东选聘了一位善于处理经济纠纷的资深律师担任公司的独立董事，为公司的运营保驾护航。

为了增强董事会的独立性，企业通常都聘请一些注册会计师和律师担任独立董事。当然，也可以选择公司内部品行端正且富有管理经验的人来担任。

第二步：提交相关文件

股权激励实施应该提交的相关文件包括：

1. 法律意见书

按照法律规定，上市公司要向银监会提交法律意见书。而非上市公司，为了让股权激励符合相关法律法规，建议也要有法律意见书，避免在股权激励实施过程中，发生违规事件。

法律意见书应对以下事项发表专业意见。

（1）公司是否符合实行股权激励的条件；

（2）股权激励计划的内容是否符合相关法律规定；

（3）股权激励计划的拟订、审议、公示等程序是否符合法律规定；

（4）股权激励对象的确定是否符合本办法及相关法律法规的规定；

（5）是否已履行信息披露义务；

（6）公司是否为激励对象提供财务资助；

（7）股权激励计划是否损害了公司及股东利益和违反有关法律、行政法规；

（8）其他应当说明的事项。

2. 独立财务顾问意见

独立财务顾问意见是指要让独立的第三方机构和个人就公司关联交易以及收购、兼并等公司控制权交易，对所有股东，特别是中小股东是否公平提出意见。其内容包括：

（1）股权激励计划是否符合《公司股权激励管理办法》规定；

（2）公司实行股权激励计划的可行性；

（3）对激励对象的资格、范围提出合理意见；

（4）对股权激励计划的财务测算；

（5）公司实行股权激励计划对公司持续经营能力、股东权益的影响；

（6）股权激励计划是否存在明显损害公司及全体股东利益的情形；

（7）公司绩效考核体系和考核办法的合理性；

（8）其他应当说明的事项。

第三步：报告、审批股权激励方案

股权激励计划备案材料应包括以下文件。

（1）股权激励计划草案；

（2）董事会决定；

（3）法律意见书；

（4）独立财务顾问报告；

（5）有关部门的批复文件。

股权激励计划能否通过，最终取决于全体股东的意见；激励计划的每个事项都须经全体股东 2/3 以上的表决票通过，方为有效。只有表决通过后，股权激励计划才可以实施。

全体股东应当对股权激励计划中的以下事项进行表决。

（1）股权激励计划所涉及的标的股权种类、来源和数量；

（2）激励对象的确定依据、范围及被授予的股权数量；

（3）激励对象的行权条件；

（4）股权激励计划的有效期、标的股权的禁售期；

（5）股权的授予价格、行权价格及其确定方法；

（6）股权激励计划涉及的股权数量、授予价格及行权价格的调整方法程序；

（7）股权激励计划的修改与终止；

（8）对董事会办理有关股权激励计划相关事宜的授权。

第四步：规范管理

股权激励的管理者日常职责包括以下四方面。

（1）根据公司的薪酬战略，综合各部门负责人以及律师、财务顾问的意见，设计出符合公司利益的股权激励计划；

（2）对员工进行股权激励制度的教育，使他们认识、接受股权激励，并意识到如何操作才能获得最大的利益；

（3）与公司内部的财务、人力资源、薪酬等部门相协调，及时传递有关计划进度的信息；

（4）与中介机构展开合作，以使计划顺利、有效地实施。

第五步：信息披露方式的选择

对于多数非上市公司来说，其信息披露的对象主要是员工，在首次授予股权时，应当向全体员工公开披露股权激励计划的总体方案；其次，还要披露本次授予的具体情况，包括获得股权的人数、本次授予的总数量、主要获授人的姓名、获得数量、职务、占总授予数量的比例等，以便于大家了解相关的具体信息。以后的股权授予时，不再需要公布股权激励计划的实施方案，只需例行公布授予股权的具体情况即可。

在实施股权激励的过程中，执行者要对可能对公司造成的潜在影响做出估算，帮助董事会做出全面判断。同时，根据宏观环境、政策环境变化，对方案也要做出适当调整。可以说，股权激励和绩效管理一样，是一个企业可持续发展的保障，更需要综合多方面因素谨慎地、稳步地实施。

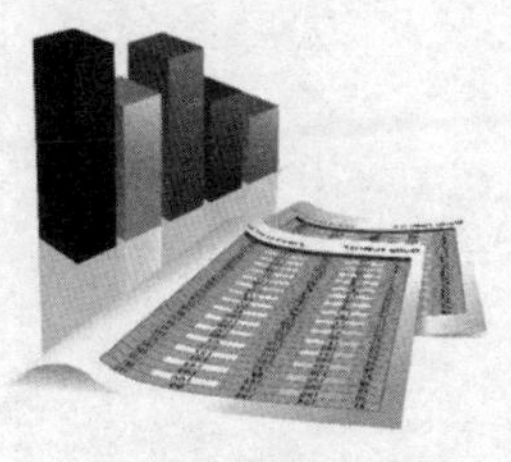

第 9 章
抓人心：以奋斗者为本，人人重视绩效

绩效管理将企业的总体目标层层分解，逐一实现，同时对协调全体员工步调一致有一定作用，因此，其本质是激励性的。如果企业员工没有积极向上的奋斗姿态，那么绩效考核就无法获得足够的重视，绩效管理的激励性也无法体现。因此，绩效管理首先要凝聚共识，抓住人心。如何抓人心？对管理者来说，是一门学问。

9.1 领导力：老板定风格，团队出风气

领导力，就是能够用最小的管理成本实现团队利益最大化的能力。也就是说，领导力是一种“软实力”，它的权威性取决于团队满意度、管理成本和团队绩效（图 9－1）。

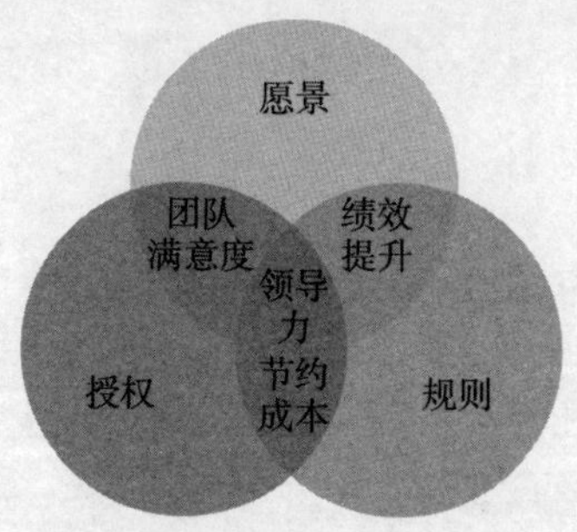

图 9－1 领导力

9.1.1 大多数领导的误区

曾有一位企业管理者在商海里摸爬滚打多年，对领导自己的团队颇有心得。他认为领导一个团队就是要和团队里的人同甘共苦，只有领头的将军带头冲锋，身后的士兵才能一往无前。

然而 2014 年以后，他的生意却越做越差。但他依然笑着对他的团队说，困难很快就会解决，鼓励大家继续努力工作。熬夜、加班，他都和他

的团队一起，下属都很感动。然而，这种同甘共苦，却依然没有改变企业濒临破产的困境。

更让他寒心的是，在企业破产的那一刻，团队成员对他并没有感激，而是充满了怨气——他们指责他没有把企业严峻的情况告诉他们，害他们在毫无心理准备的情况下失去了工作。

在领导力的理解和执行方面，这位管理者犯了几条错误。

第一，领导力在于激活团队的活力，而不是一味地迎合团队。身先士卒的精神当然需要，但如果一个领导者没有给出一个能够激发团队创造力和干劲的远大目标，无论再怎样和团队打成一片，最终也只能是徒劳。因为要维系团队忠诚度，归根结底是它能否向更高的目标前进。

第二，坦诚也是领导力的表现。在企业出现困难的时候，领导者应该坦诚地将实际情况告知团队，而不是隐瞒，甚至是欺骗团队，让团队认为问题已经得到解决。

可以看出，这位企业管理者虽然自以为很会管理团队，但事实上他的领导力是“无效的”。

9.1.2 领导力的源泉：远大的愿景

李开复曾说：“我用愿景来激励这些工程师与科学家。每次开会，我都向大家描述未来互联网与多媒体相结合后，相关新技术和新应用的巨大发展空间，与他们分享我关于新产品的规划和设计，以及我为新的产品部门制定的愿景。然后，我鼓励他们分成小组，讨论这个愿景的可行性，以及自己的潜力将会如何因这样的愿景而得到更充分的发挥。最终，这项工作得到了苹果技术团队的高度认可，很多人在有愿景的情况下，都成为行业内一流的技术人才。”

可以看出，制定远大的愿景，可以充分激发员工的参与感和积极性，可以让整个团队保持激昂的斗志和坚定的方向，是领导力中提升团队满意度的重要组成部分。

9.1.3 领导力公式的秘密：懂得授权

衡量高效领导力的三个维度，第一是团队满意度，第二是团队绩效，第三是团队管理成本。

领导力 = 团队满意度 + 绩效提升 – 管理成本

也就是说，只有尽可能提升团队满意度和团队绩效，而同时降低团队管理成本，才能使领导力的潜力发挥出来。因此，授权的重要性就突出出来。

事必躬亲的管理时代已经过去了。杰克・韦尔奇有一句名言：“管得少就是管得好。”现代经理人一定要懂得有效授权，企业目标轻松地分解到不同人身上，同时将责任过渡给更多的人共同承担，让团队每一个职员更加有目标，更加负责任，更加投入，更有创造性地工作。员工归属度提高了，满意度自然也会提升，而没有责任与目标的员工，享受再高的薪资福利，也不会成为兢兢业业的工作者。

每个人都在解决温饱需求之后，有着被承认、被肯定的社会需求。授权体系满足了人们这一高层级的心理需求后，会得到相应的产出。

通过有效授权，企业减少了控制，团队摆脱了盲目的依从，领导者从权力的烦恼中走出来，才能有更多充裕的时间思考企业经营和战略，团队绩效才能得到不断的提升。

当然，授权不等于一味地放权，授权行为的本身必须有计划。

利兹饭店的卓越服务全球闻名，该饭店提供给员工“服务满意程度表”，表上列出皱眉脸、不悦脸与生气脸。员工可以以此评估顾客不满的程度，然后从工具箱里拿出折价券送给顾客，消除顾客不满的情况。例如，对于一个皱眉的顾客，员工可以拿午餐折价券来作补偿；而对一个满脸不悦的顾客，员工可以赠予电影票或麦当劳午餐券；而对于生气的顾客，则可以得到一张沃尔玛百货的折价券。这些弥补服务的举动，并不需要主管的同意，员工可以依问题轻重选择弥补方法。

在保证员工与顾客满意度的同时，需要有约束机制，不能滥用。再比如海底捞，员工第一次因为自己的服务而导致顾客的不满，员工可以自行决定送上一定的折扣，来弥补顾客；但是当这种情况发生第二次的时候，该员工就会被开除。这样就可以避免员工将责任无限制推给公司，也给了每个人一次犯错误的机会。

9.1.4　规划：提升决策信心

英国《金融时报》的专栏作家露西·凯拉韦在一篇文章中提及密歇根大学的一篇研究论文。

密西根大学的一篇研究论文认为，比起一个在某些时候很可怕的管理者，我们宁愿要一个总是很可怕的管理者。对于老板，不论什么事情我们似乎多多少少总能应付——除了反复无常。

研究人员进行了一系列实验，他们将学生分成三组并指派所有人做一项工作。第一组不断地受到表扬；第二组不断地受到责骂；第三组表扬和责骂兼而有之但毫无征兆。第一组完全没有压力；第二组感到一点压力；不知道自己接下来得到的是大棒还是胡萝卜的第三组则是压力最大、最不快乐的一组。最后，第一组和第二组都完成了工作，而提心吊胆的第三组仍然进度缓慢，可见反复无常的管理者对于员工的效率的影响是非常负面的。

实际上，一个领导者朝令夕改，原因无外乎是规划不足，导致在执行的过程中，信心不足，变来变去。规划的重要性不言而喻。规划是赛跑的起跑器，有了规划，执行就有了强劲的助推力。制定工作规划需要指令接受者来完成，但整个过程分为两个阶段：第一阶段是自下而上，指令接受者根据指令制定工作规划；第二阶段是自上而下，指令发出者对工作规划进行指导和纠偏。通过双方的互动，最终制定科学合理的规划。

卓越的领导力体现的是一种艺术，不但要求经理人不断完善自我，更需要经理人去影响他人。而领导力概念中非常重要的一点——绩效提升，需要领导力和执行力的“合力”才能做到。领导力的实现要通过执行达成。任何一种“力”都很难独立运作，脱离领导力的执行力是无源之水，脱离执行力的领导力是空中楼阁。因此，明确愿景、懂得授权、评估规划，才能让领导力和执行力共同发挥实质性作用。

9.2 老板员工齐心，上下合力必胜

在经济“新常态”下，企业间的竞争日益激烈。很多企业面临困境。在这时，领导怎样带领团队，如何体现自己的领导力呢？要带领企业迎难而上，靠的是老板的责任力、独特特质和诚信力。只要老板有担当、肯负责、说到做到，上下合力，企业一定能够战胜一切困难。

9.2.1 领导肯带头，企业能出头

什么是领导的责任力？首先，老板一定是全体员工的表率。尤其在创业期，我们知道老板的工作时间是有弹性的，并不是说老板每天坐在办公室，按时上下班，就能够管理好企业。但是，很多员工可能都遇见过几天看不见老板的情况。员工见不到老板的心情如何？恐怕这样的企业，员工根本找不到方向感。老板是企业的定心丸，员工没有要求老板每天按时上下班，但是老板一定要在工作中多与员工接触，让员工看到老板工作的毅力，在这点上，稻盛和夫为很多企业的领导作出了表率。

1959 年，稻盛和夫和他的 7 位合伙人创立了京瓷公司，这 8 个人曾经立誓：“不为私利私欲，但求团结一致，为社会、为世人成就事业。特此聚合诸位同志，血印为誓。”

稻盛和夫作为企业的经营者和技术带头人，在公司创立初期，每天工

作到凌晨12点。他对自己要求非常严格，对部下也不放松要求。

有的员工面对公司的这种工作强度，接受不了。有一天，有10位员工集体向稻盛和夫提出了辞职。稻盛和夫坚定地对他们说：“作为经营者，我绝不是为了自己，我之所以每天倾全力工作，是想让你们从内心认可我，认可企业。如果我对经营不尽责，你们的生活就没有保障，如果我把公司经营垮了，你们杀了我都行。”

这10个人为稻盛的人格所折服，最后都选择留下了。不但如此，他们和稻盛和夫一起，更加努力工作。稻盛也在40多年的经营工作中，充分恪守了他的诺言。

很多企业领导把公司当作自己的，采取各种手段满足私利，无视员工利益的保障，导致员工丧失工作热情和自觉意识，公司也因此而停止发展。

我们需要做一个每天发布各种命令、呼风唤雨的领导，还是做一个用自己的感召力，呼唤员工齐心合力工作的特质性领导？答案是不言而喻的。

在他人眼中，曾任苹果公司CEO的乔布斯永远是那么光芒四射。乔布斯是一位不折不扣的激励大师。“活着就是为了改变世界”，“领袖和跟风者的区别就在于创新”，是他始终秉持的理念。他将这种愿景和理念传递给苹果的全体员工，将创新思想融入产品研发中。这使得苹果产品在功能上领先、强大、精湛，具有卓尔不群的高品质，其外观又典雅唯美、时尚新潮。用创新的方法改变商业图景，改变社区面貌，改变人生轨迹，引领并改变整个计算机硬件和软件产业，是乔布斯矢志不渝的追求。通过潜移默化和耳濡目染，特别是乔布斯的身体力行和一以贯之，这种追求也成为苹果人骨髓和血液里共同生长的基因。

所谓特质型领导者，具有自信并且信任下属，对下属有高度期望，有理想化的愿望，以及任用个性化风格的领导者。其中“特质型领导者”的这种特质包括：

（1）有能力陈述一种下属可以理解的、富有想象力的未来远景；

（2）有能力提炼出一种每个人都坚定不移认同的组织价值观系统；

（3）信任下属并获取他们充分的信任回报；

（4）提升下属对新结果的意识，激励他们为了部门或组织而超越自身的利益。

9.2.2 用诚信力感召员工

领导者的作用，简言就是领而导之，这需要较强的感召力，才可能凝聚企业众人之力，形成上下一心的合力，从而推动企业的发展。对于领导者来说，感召力是建立在良好的信誉之上的，而良好的信誉又是建立在优异的业绩和个人的诚信之上的。那么诚信到底代表什么呢？

诚信，就是言行一致。

18 世纪德国诗人马蒂亚斯・克劳迪亚斯说："依据行为好过依据话语对一个人做出判断，因为很多人只是说得漂亮而已。"是否诚信，首先通过行为而非话语来表现。拥有诚信品质的人在困难的情境下也会坚守自己的价值观。要做到这一点，经常会要求人们坚持原则。领导者也只有如此才能得到员工的信任。

美国航空公司的 CEO 唐纳德・卡迪为了让企业摆脱破产的命运，执意大幅度削减员工的工资和福利。艰难的谈判之后，工会顾全大局，最终与公司达成了每年削减 18 亿美元工资和福利的协议。可是后来在给美国国会证监会的年度报告中，人们发现公司给 6 位最高层领导安排了一笔巨大的"留职"奖金，还建立了一个特别的信托基金，为 45 位高层管理者提供破产情况下的退休保障。虽然这样做没有违法，但在与工会谈判的时候，这些是没有透露的。人们忽然发现卡迪所说的"共同的牺牲"是针对他人的，其诚信瞬间破产。人们极为愤怒。几天以后，卡迪便被迫辞职了。

在领导的各种优秀特质中，最为重要的品质是什么？经典著作《领导力的挑战》中，作者詹姆斯・库泽斯和巴里・波斯纳介绍了对全球 2600 位管理者的一项调查，让后者写出心目中领袖素质最重要的因素。结果发现，在 20 项被提及的素质中，首先被强调的素质就是诚信。

做给别人看，是影响众人的唯一方法。管理就是众人之事，就应该身先士卒来面对已知的困难和未知的挑战。成功的领导者，可能来自不同的行业，有着不同的社会背景和性格，但是，有一点他们是相同的，那就是他们都为下属敬重，拥有让员工齐心的能力。如果缺乏这种能力，领导者和他的企业，就不会有建树。

9.3 激励精英：麦肯锡公司的启示

麦肯锡公司成立于1926年，90年的时间里，从麦肯锡走出来的大多数员工都成为世界500强企业中的高管，因此，麦肯锡公司便有了“世界知名企业领导者的孵化器”的美誉。深度研究麦肯锡公司的成功之道，在于其在领导力和管理方面有着独特的观念和方式。这些观念和方式也已经进入世界大多数MBA课程当中，成了工商管理学中众多经典案例之一。

9.3.1 企业如何“抓精英”

很多企业都对麦肯锡式的管理模式称赞不已。麦肯锡管理模式的本质在于：一切管理都离不开人的因素。凡是在麦肯锡公司工作过的，无不是最顶尖的精英，他们不仅优秀，而且具备某种特质，可以展现自我。

首先，麦肯锡公司要求员工要有良好的素质，认同麦肯锡公司的价值观和理念。在此基础上，能够符合公司文化而展开工作，并能与客户进行良好的合作。麦肯锡公司的理念，往往能够较容易地被人才接受，进而吸引大量精英加入。

在麦肯锡公司内部，流传着这样一句话：“坦率地表达自己所知道的和所要表达的。”这是麦肯锡公司创始人马文·鲍尔的经验所得。

约翰·斯图亚特曾经是麦肯锡公司的一名咨询师。入职不久，他就接到了一家公司的合作项目。他找到了公司的老板马文·鲍尔。

“先生，我觉得您写的项目草案有些问题。”约翰·斯图亚特镇静地对马文·鲍尔说。马文·鲍尔看着这位刚到公司的年轻人，对他表现出来的勇气和镇静非常吃惊，在两人仔细讨论了项目草案后，鲍尔觉得斯图亚特说的完全正确，于是删掉自己写的东西，将斯图亚特的内容填补上去。

其次，麦肯锡公司选拔的员工都具备工作激情和专注力。

第一，麦肯锡的员工必须有强大的影响力和与人交往的能力，能够快速和客户建立关系，并且成为客户信赖的工作伙伴。

第二，麦肯锡的员工必须具有创新意识，可以发掘新想法、新思路，快速拓展新的领域和市场，不断引导公司的创新。

第三，员工必须具备领导力。领导力能够鼓舞他人前进，这种能力能让麦肯锡的员工在任何情况下都能独当一面。

最后，麦肯锡公司十分注重招收那些有突出能力的人才。

大前研一是日本著名管理学家、经济评论家，著作有《无国界世界》《全球舞台大未来》等，曾经供职于麦肯锡公司。在接受麦肯锡公司面试前，大前研一对后者一无所知，而且还搞错了面试职位——本来麦肯锡要招聘的是管理经营顾问，而他以为是顾问工程师。在忐忑中，大前研一来到几位并排而坐的考官面前。

对公司一无所知，又搞错了面试职位，大前研一的这次面试注定不会成功吧？然而，大前研一却最终被麦肯锡公司录取了。

原来，麦肯锡有其非常独到的用人标准：如果每位考官都通过，则不予录用；有人同意，有人反对，则录用；有一个人或两个人坚持推荐，则录用。大前研一恰恰属于第三种情况——有一位主考官坚持要录用他。大前研一就这样进入了麦肯锡公司，并有了以后的成就。

9.3.2 规范化的晋升制度

麦肯锡人力管理制度十分独特，比如每年招聘人员的数量一般保持在20~30名。分布在世界各地的麦肯锡的各分公司每年收到几十或上百封个人简历，这是人员来源之一。一旦进入麦肯锡公司，人员的晋升便有了严格的规定。

员工刚进入公司，要从一般分析员做起，经过两年左右的考核，如果合格，便会晋升为高级咨询员。再经过 2 年左右考核升至资深项目经理——这是晋升合伙人的前提。此后，通过业绩审核就可晋升为董事合伙人。所以，只要肯努力、有能力、有业绩，在 6 ~ 7 年的时间里，就可以成为麦肯锡合伙人。但是在每一个晋升的阶段，如果员工业绩考核并未达到要求，就要被淘汰出局。

在晋升考核中不仅要看业绩，而且要看员工对所在团队的引导，即他的潜力能否得到同事的信任。因此，在麦肯锡，所有的员工获得同等公平的晋升机会，就看谁更加勤奋。每年麦肯锡的人员流动达 25% ~30%。这个比率相对于其他企业来说是比较高的，但对于麦肯锡而言，处于合理的范围内。

在麦肯锡，离职一般有两种情况：一是有了更好的机会，可以去世界知名企业做职业经理人（也有一些优秀人员离开后自己当了老板）；另外一种就是被请出局。后一种离职人员所占的比例，只占总离职人数的 5%。

作为全球知名的咨询公司，麦肯锡拥有 700 多位合伙人。毫无疑问，他们是麦肯锡最优秀的员工，也是麦肯锡的管理者和老板。但这并不意味着他们具有在麦肯锡工作的终身保障。每年，麦肯锡从 600 多名合伙人中轮流选出十几位合伙人组成评审小组，对各位合伙人的业绩进行考查，如果未达到要求，同样要被请出局。只是，对合伙人的唯一优待是考察期限稍长一些。所以，麦肯锡人员享有高薪待遇，但没有谁可以坐在功劳簿上过悠闲日子。

管理企业就像管理一支军队。作为一支军队的统帅，企业的领导不需要对每一位员工事无巨细地关注，而要通过执行制度的精英们，发展壮大企业。

9.4 沟通勤，人心近

沟通，就是人与人之间的信息交流。很多企业，由于大家身份、岗位、学历、经验的不同，使得彼此之间的沟通常常发生障碍。这就需要管理者建立一种畅通的沟通机制，让企业内部的沟通畅通无阻，让企业的人心凝聚。

9.4.1 什么是沟通

企业的沟通是领导与下属之间、同事之间思想和情感传递的过程。沟通的目的在于求同存异，凝聚共识。

企业沟通的作用主要有以下几点：

1. 使企业成员认清形势

这里所说的“认清形势”，指的是为正确的行为提供必要的信息。在开始向企业员工介绍他们所处的物质环境和人员状况时，重要的是简单介绍当前和长远的目标和任务。只有员工对自己的工作和工作环境知道得越多，其工作才能更出色。

2. 沟通能使决策更加准确、合理、科学

企业管理者经常需要做各种决策。为了收集决策信息，为了提升判断力需要行之有效的沟通。

3. 沟通能使内部各环节有效协调、目的明确地开展工作

在日常工作中，领导的指示、工作的目标、工作的方式等因素只有通过沟通才能达成共识，才能使工作不折不扣地完成，才能真正提高工作效率。

4. 及时发现问题

发现问题似乎比解决问题简单得多，日常管理中出现的各类问题是企业停滞不前的绊脚石。虚心听取别人的观点、意见，总结、反思自己；使自己时刻保持清醒的头脑，勇往直前，追求卓越。

5. 沟通使人换位思考、增强团队的凝聚力

高级管理者与中层、基层员工之间，由于考虑问题的角度不同，导致对某个事件的认识和看法不尽相同。充分有效的沟通可以使管理者和下属建立良好的人际关系，形成积极的组织氛围。管理者要站在员工的角度，充分了解他们的心声，为他们排解疑难，帮助他们提高工作积极性。此外，沟通还可以使高管和中层、员工之间换位思考问题。只要有了这种换位思考，许多问题就迎刃而解了，许多矛盾也就消除了，团队的凝聚力也就随之增强。

9.4.2 沟通的意义

企业管理中的所有步骤都需要沟通才能够顺利进行。管理的核心是在深入了解企业实际情况基础上，向企业员工提供适合的管理模式和方法。而在与考核相关的绩效管理和人力管理方面，更是一刻也离不开沟通。只有良好沟通才能打通员工的才智与心灵之门，激励员工的工作热性，挖掘员工的工作潜能，使其更好地为企业创造价值。

此外，沟通是提升企业精神文化，完成企业管理目标的主要方式。有效沟通可以在企业内部创造出一种企业独有的企业精神和企业文化，培养企业员工自觉的行为模式，认同企业核心的价值观念、目标及使命。

企业精神和文化的塑造，其实质是思想、观念和情感的沟通。没有沟

通，员工与管理者就没有对企业文化的理解与共识，更不可能一起为实现企业愿景努力。

沟通，是管理创新的必要途径。许多管理理念的创新都是企业内部思想沟通碰撞的结果，而创新的目的是为了提高企业的管理效能。

9.4.3 沟通的渠道和方式

企业的沟通渠道分为正式沟通和非正式沟通。

正式沟通，是指在企业内依据一定的原则所进行的信息传递。例如企业内部的公文传达、会议，上下级之间的工作谈话等等。另外，企业组织员工参观访问、技术交流、市场调查，也属于正式沟通。

正式沟通，企业领导和员工重视程度高，沟通效果好——因为形式正式，气氛严肃，对员工约束力强，也易于保密。正式沟通可以使信息沟通保持权威性。一般而言，企业的重要的决定和决策，都采取正式沟通渠道。

非正式沟通渠道，指的是在正式沟通渠道以外进行的信息传递，属于内部自由选择的沟通渠道。例如团体成员私下交换想法、同事聚会等都属于非正式沟通。非正式沟通运用得好，也可以作为正式沟通的补充。

在许多企业，同正式沟通渠道相比，非正式沟通渠道气氛轻松，沟通双方压力较小，也因此能够灵活迅速地适应事态的变化，省略许多繁琐的程序，并且非正式沟通渠道更能反映员工的真实想法、态度和动机，往往能够对管理决策起到重要作用。

现代管理中，最有效的管理方式，我们称之为“高度非正式沟通”。它指的是利用各种场合，通过各种方式，来保持企业经常不断地信息交流，从而形成开放的信息沟通系统。

实践证明，高度非正式沟通可以节省很多时间，使许多积压已久、难以解决的问题在轻松的气氛下得到解决，减少了企业人际关系的矛盾。

综合企业沟通渠道，主要的沟通形式见表 9－1。

表9－1　几种主要沟通形式

沟通形式	主要内容
工作会议	工作会议是指企业定期或不定期举行各种会议，如晨例会、晚例会、周例会、经理会议等。通常是每天一次或每周一次。会议周期越短，沟通效果越明显
工作报告	工作报告指的是下级以书面形式将工作中遇到的问题、新的见解等报告给上级部门审阅批示的一种形式。上级通过审阅，把自己的意见批注在报告上。工作报告也分定期和不定期两种。但报告具有跨时空的沟通特点，因此在企业中较为常用
业务联络	业务联络指的是部门与部门之间的业务往来。在同部门不同岗位的同事也可以通过业务联络的方式进行沟通。企业业务联络的最常用方式是将资料以电子邮件的方式发送，有时还需要对方领导审阅批示
意见建议	意见和建议是一种单向的沟通方式，仅限于下级和上级传递信息，目的是使上级更充分地了解和把握基层工作的现状及存在的问题等，并对这些信息做出迅速反映。要收集这类信息，企业可以设立意见箱或信访箱等
面谈	面谈主要用于上下级之间单独的双向沟通模式，也是企业目前最直接、最简单的沟通形式。上下级双方通过面对面的交谈，对某一事情的看法交换意见。这是企业所采取的十分必要的沟通方式
公告通知	这种形式也是一种单向沟通方式，主要用于企业高层传达命令、指示。但这种形式在接收的可靠性方面存在一定的漏洞

沟通的目的是消除分歧，提高企业行动的一致性。企业管理者要多分析，综合运用好沟通方式，将最适合自身的沟通模式制度化，并让相关人员熟悉、落实。利用沟通，让每位员工在心理、精神方面得到满足，从而为企业做出更大的贡献。

9.5 奖励一个先进，拉动一片后进

企业如何增强员工对绩效考核的信心？首先要树立员工中的“榜样”。树立榜样，让员工有学习和追赶的目标，起到相当大的激励作用。

该如何运用榜样激励呢？

9.5.1 什么是榜样激励法

榜样激励法就是以身边的人作为榜样，使激励对象主动上进的方法。

员工以自己身边的人作为榜样，激励效果要比以那些著名人物为榜样更好。因为要学习、赶超的对象是自己熟悉的人，员工不会有心理差距。

作为全球最大的护肤品和彩妆品直销企业之一，玫琳·凯公司总部的大厅里满满地挂着那些来自全国分公司优秀员工的照片。

为了激励员工，在公司的经验交流会上，那些业绩优秀的员工还会得到极大的奖励，成为公司里的明星人物。每年的年会上，那些获得奖励的员工会得到：

粉红色轿车：这是对美容顾问的最高奖励。这种奖励机制从 1969 年开始，每年年底，玫琳·凯都会送出一批粉红色凯迪拉克轿车给业绩前 5 名的美容顾问。

豪华游：业绩一流的销售主任，每年可以携带家属到香港、曼谷、伦

敦、巴黎、日内瓦、瑞典等地进行海外豪华游。

例会：玫琳·凯各地区分公司每周的例会上，都会有这周最佳销售人员成功经验的叙述和分享——这是一种别样的赞美。主持人在介绍最佳销售员时，每一个美容顾问都会毫不吝啬自己的掌声。

缎带：每位美容顾问在第一次卖出 100 美元产品时，就会获得一条缎带，卖出 200 美元时再得一条，以此类推。这种仅需要 0.4 美元的精神鼓励，远比 100 美元的奖金刺激有效。

红地毯：销售业绩超群的美容顾问，公司会用红地毯欢迎他们返回总部，每一个人都像贵族一样。

9.5.2 如何选择榜样

企业选择的榜样，员工达到其水平的时间不能过长。因为长时间的努力过程容易使人感到松懈，以致失去信心。

另外，不要以最高业绩的人为榜样。因为如果达到榜样的业绩难度很大，那么激励性会很小。在做绩效考核的时候，都会分 A、B、C、D、E 等，不应该让 C、D、E 都以 A 为榜样。可以操作的做法是让 B 以 A 为榜样，让 C 以 B 为榜样，让 D 以 C 为榜样，让 E 以 D 为榜样。所谓的榜样人物，是在某个方面优秀的人，而不是处处都优秀的全才。所以，榜样人物并不一定要做出极为突出的业绩，只要一个普通员工在自己的岗位做得比其他人好，就可以被树立为榜样。

海尔集团开始宣传榜样时，员工的反映不积极。很多生产线上的组装工人都在私下里嘀咕："我只负责普通组装业务，既没有学历，也不掌握核心技术，怎么跟那些榜样比呢？"

但当海尔奖励了普通工人的创造发明后，工人中很快就兴起了技术革新之风。比如，工人李启明发明的焊枪被命名为"启明焊枪"，杨晓玲发明的扳手被命名为"晓玲扳手"。企业对某一普通员工价值认可并给予奖励，是对其他员工最好的激励，能让他们工作起来有盼头，进而迸发出创新热情。

9.5.3 如何让榜样形成号召力

在选择了适合的榜样后，企业管理者应该着力宣传其先进事迹，形成感召力。

这种宣传应该是全方位、多渠道的。比如，可以在大厅、走廊张贴海报，在公司网站发布其事迹，也可以刊登在内部刊物上，在厂区广播或者制作成光碟，还可以将其事迹写入公司发展史、企业年鉴等。更重要的宣传途径是让榜样当众“现身说法”。

定期举行榜样人物报告会，可以以一个季度、一年为周期，选择三到五个榜样人物，请他们作报告。报告人要从日常的工作细节入手，分享优秀经验。

企业也可以定期组织演讲比赛，让每一位员工说说自己工作中的优势和不足：一方面，对员工来讲，是对自己工作成果的认可以及对工作不足的反思，借此起到自我激励作用；另一方面，员工的讲述，对聆听演讲的同事也是一种激励和提醒。

除了采用常见的演讲和报告会形式外，还可以让榜样人物为新进员工做培训。

对新员工的培训包含广泛的内容，不光是向其介绍公司的基本情况，还可以就某一个方面的具体工作向其介绍经验，这样可以对其起到激励作用。

除了宣讲、培训手段外，还有一种常见的有效的激励方式——做标记，即给优秀员工做标记、贴标签。在他人的监督下，优秀员工会更加严格要求自己，起到榜样的带头作用。

某企业员工的工作服为蓝色，当公司评出了10位优秀员工以后，就让优秀员工穿红色工作服。红色看起来非常显眼，穿红色工作服的员工因为被树立为榜样，平时工作会加倍努力。普通员工看到榜样这样优秀，自然也想和他们一样。这就是一种激励，而且这种激励是双向的。

在宣传榜样时，应该注意以下几个问题：

（1）宣传事迹一定要真实。

为了起到榜样激励的作用，宣传榜样的事迹一定要真实，这样才能让人信服。切忌对榜样吹捧、虚构事实，务必选择真实、接地气的案例。

（2）艰难曲折的事迹才有感召力。

艰难曲折的事迹，首先能够引起员工的关注；其次，能够激发员工在平凡的工作中更加努力，打消心理障碍，树立可以超越榜样的决心和信念。

榜样激励不仅是对其他员工的激励，也是对榜样自身的激励。在榜样激励的过程中，也要注意对榜样的人际关系进行维护。榜样树立后，因为待遇与宣传，可能让其他员工产生排斥。因此，老板要维护好榜样的人际关系，避免影响他们与其他员工的正常交往。

9.6 薪酬考核出二流成果，自我激励收一流绩效

有许多企业考核力度很大，但效果却不明显。究其原因，在于制度中缺少让员工自我激励的空间。很多薪酬激励弹性不足，没能让员工产生获得感。因此，单凭考核难达到令人满意的效果。只有培养员工的自我激励意识，开展荣誉激励，才能取得一流的业绩成果。

9.6.1 何为荣誉激励

荣誉激励是激励的一种重要方法，是一种终极的激励手段。它主要是把工作成绩与晋级、提升、选模范、评先进联系起来，以一定的形式或名义标定下来，主要的方法是表扬、奖励、经验介绍等。荣誉可以成为不断鞭策荣誉获得者保持和发扬成绩的力量，还可以对其他人产生感召力，激发比、学、赶、超的动力，从而产生较好的激励效果。

你是否在使用腾讯 QQ 的时候关注自己的 QQ 等级？有几颗星星？几颗月亮？几颗太阳？

你是否尝试使用你的信用卡积分兑换奖品？

你所在的企业是否给员工评选颁发年度的优秀员工奖励？是否在供应商大会上评选和颁发优秀供应商奖杯？

你是否注意到美国男子篮球联赛（NBA）的 MVP、得分王、名人堂都

是数据的支撑和积累，给优秀的球员带来至高无上的荣誉并持续激励着更多新秀球员创造更加优秀的战绩？

这些都属于荣誉激励。

这些荣誉激励如何发挥作用？它的一般性原理和方法是什么？

9.6.2 荣誉管理的分类

根据荣誉管理的用途、对象、性质分类，可将荣誉激励分为以下几类，见图9－2。

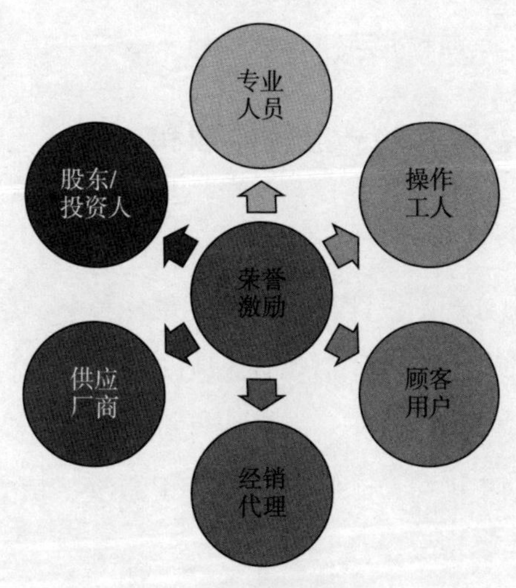

图9－2 荣誉管理分类

在这几类中，专业人员（含管理人员、专业技术人员）、股东、投资人的荣誉感更强，为这类对象设计荣誉管理制度和规则，可以考虑荣誉的累积积分排名并冠以荣誉头衔，实际利益的捆绑兑换为辅助手段。经销代理则同时看重荣誉和实际获得的利益，因此可以将荣誉与利益进行捆绑，使荣誉激励与实际利益产生一致。对于操作类的工人而言，起初对荣誉的敏感度较低，相比荣誉更看重的是实际利益，因此可以通过实际利益的诱导充分发挥激励效果，最终将其引导到荣誉上来（表9－2）。

表 9－2　不同类型荣誉激励要点

序号	对象分类	差异点控制
1	股东、投资人	荣誉感强，注重荣誉激励
2	专业人员	荣誉感强，注重荣誉激励
3	经销代理	代币奖励法则，荣誉与利益捆绑
4	操作工人	通过实际利益诱导，将其引导到荣誉上来

具体每种行业、每个企业、每类对象都有很多细节性的因素需要考虑，鉴于企业大多数为“操作工人”，所以我们以这一分类为样本，构建荣誉激励的一般性原理和方法。

9.6.3　荣誉激励的一般性原理和方法

1. 制度一致性原则

荣誉激励的积分规则设计与企业制度须保持一致性，即企业提倡员工做什么（to do），员工达成了就奖励积分；企业反对员工做什么（not to do），员工触犯了就要被扣罚。需要强调的是，通过荣誉激励的方式对员工进行积分的奖励和扣罚，比单一的直接正激励、负激励更具备累积激励的作用，激励效果更长效。

2. 代币奖励法则

对于荣誉激励对象，尤其对于“操作工人”类的目标对象而言，当你刚推出一套荣誉激励体系时，没有多少人会真正因为所谓的荣誉而产生积极的响应。相反，初期更需要我们利用象征钱币、奖状、奖品等标记物作为奖励手段，来吸引大家参与到这套游戏规则中，以便发挥荣誉管理持续激励的作用。

代币法则，就像绩效考核的 E 计分一样，所产生的积分可兑换，将游戏规则引入荣誉激励当中，让所有游戏参与者清楚地知道积分兑换奖品的规则和比率。此外，企业可以考虑在节假日发放员工福利时结合积分阶梯设计不同的福利标准和规则，使荣誉管理与员工的实际利益更为契合，使荣誉管理的激励效果更为长效化。

3. 边际难度递增原则

为对冲边际效用递减规律，荣誉管理规则设计时应遵循边际难度递增原则，即积分等级越高获取积分的难度越大，等级晋升难度越大，积分的含金量越高，积分荣誉感也就越强！

4. 职业发展一致性原则

员工在企业里打工，最原始的动机还是为了挣钱，养家糊口。你能挣多少钱和你的工作价值和岗位价值是正相关的。员工本身的岗位价值则需要职业发展通道的定位来体现，所以，要考虑到积分不仅能兑换物质类的实体物品，还能兑换精神价值类的虚拟奖品，譬如能够直接兑换职级的晋升等（当然，职级的晋升相比实体物品往往需要更大量的积分去换取）。

美的集团的一位高管曾经说，现在的年轻人大部分都是“80后”、“90后”，他们没有一个是淡定的，因为他们从小所受家庭、社会的教育和影响更多的是鼓励和肯定，但是到了工厂、企业，遭遇和以前完全不可同日而语——经常性地受到批评甚至是挖苦。这样一来，他们玩世不恭，乃至自暴自弃。

针对产业工人的管理，尤其“80后”、“90后”的员工管理，重点就是要通过长效化的鼓励和肯定，以及能够淡化直接冲突、矛盾和抵触情绪的负激励手段，持续激发他们的斗志和进取心。通过这样一个过程实现企业经营目标，达成和员工收获成长双赢。这正是研究、设计和运用荣誉激励的目的和意义所在。

第 10 章

看实效:如何导入实施绩效考核

企业应该如何顺利、成功地导入一套绩效考核系统? 3 大步骤、6 个阶段、6 个实施细节、4 个操作要点以及配套的制度，缺一不可。

10.1 导入绩效系统的步骤

导入 GSC 绩效游戏系统，必须要充分认识到导入流程的关键步骤和各个阶段。按照导入绩效管理系统的 PCDA 循环，把导入绩效系统分为 3 个步骤和 6 个阶段。

10.1.1 导入 GSC 绩效游戏系统的 3 大步骤

第一步：做规划

导入绩效游戏系统，首先要做的是解读企业的战略和年度经营计划，定义部门和员工的岗位职责，细化出相应的 KPI 指标。还需要对各位管理者做教育训练、理清思路、介绍概念、技能方法等相关工作。

例如，考核工具的使用，报表的填写，绩效指标的设计，沟通记录的撰写，等等，这些有关考核的技能都应该提前掌握。

第二步：执行考核

执行阶段，应设定每个岗位的绩效考核 KPI 和每位员工的月度工作目标和计划，导出月度目标绩效考核表。主管对下属进行日常观察和计分，及时沟通。考核结果出来后，需要及时制定绩效改进计划。

第三步：诊断检讨和完善

接近年底，绩效考核需要重新来诊断，审视企业绩效考核系统还有哪些缺陷，检讨绩效考核的状态以及各管理层、各部门员工的反馈情况，根据检讨和调查来进行适当的调整，这样才能让绩效考核系统逐步完善。

10.1.2 导入绩效系统的6个阶段

绩效管理系统的导入全过程分为6个阶段，分别为准备期、启动期、试行期、调整期、运行期和成熟期。

1. 准备期

导入考核的准备期，企业要将一些观念理解到位。

需要理解的观念有：厘清绩效目标和绩效概念：什么叫绩效、绩效考核和绩效管理；梳理企业的战略，把它转变或者增加成为绩效型战略，建立以绩效为导向的企业文化，以绩效结果为导向的企业战略；企业全体人员进行学习、研修、讨论和思考，需要充分统一思想，提高认识。可以先购买相关的书籍和视频光盘，申请试用账号。

2. 启动期

导入绩效考核系统的启动期有两个目标：第一个目标是项目启动，第二目标是训练辅导。

很多企业急于求成，一开始就全面推行计分和考核。正确的做法是首先成立绩效考核项目组和绩效管理委员会，再制定项目推行的日程表和项目计划，在专家顾问的帮助和辅导之下进行全方位绩效管理的规划，同时需要安排时间组织中高层经理和管理者进行必要的教育训练和辅导。准备期和启动期的时间应控制在3个月左右。

3. 试行期

一开始试行GSC绩效管理系统，首先从中层经理和主管入手进入绩效考核的实战阶段，暂时不要去考核基层员工，而是先考核经理和主管。

如果感觉到对经理主管进行绩效考核时机还不太成熟，可以先做不跟薪酬挂钩的行为经验值计分，通过观察计分和经验值计分的排行和累积，6个月左右就可以判断出员工的优劣。

通过运用游戏计分卡，也可以测试一下管理者的执行力，看看管理干部对于每个星期填一张报表，对每天和每星期对下属员工都能够有一次观察计分（加减分），员工能不能接受，能不能执行到位，这一点是考验企业能否把GSC绩效系统做出效果的最关键之处。

假如公司要求每一周至少要有一两次加减分，而一个部门一个月都没有加减分，或者伪造数据应付高层领导，那么绩效系统无疑收效甚微。所以绩效考核要先从经验值计分开始，先从考核高层和中层干部开始试行，定期检讨反馈，一定会出现某些问题或困难，然后企业就这些问题和困难，进行收集和汇总，予以讨论分析，寻找适当的解决方案。随后就进入第4个阶段——调整期。

4. 调整期

在调整期，应该暂停深入推行绩效考核系统，对其进行适当的调整。这个阶段需要针对试行过程当中发现的各种问题进行讨论、研究、总结和改善。这个调整期大概也需要3个月左右。

从准备期到调整期的6个月，我们发现的问题五花八门，针对这些问题，需要记录下来，进行讨论和分析。当然还要决定下一步的行动应该往哪里走，是要进一步深入，或暂停执行，还是先选择部门试点。

5. 运行期

运行期即考核系统全面运行阶段。如果在调整阶段企业所展现出来的各方面情况较好，就可以全面推行考核系统，对每一位基层员工进行考核。这时不但要做目标绩效的月度考核，而且还要做KPI指标的绩效考核，就是把工作目标和KPI完全结合在一起，这才是真正完整的绩效考核。

运行期阶段，还公布“三榜”，即团队红黑榜、业绩排行榜、计分排行榜。每个月主管至少要和下属员工做一次沟通面谈，进行考核结果的反馈和面谈。试行期通常规划为1～3年，全员做绩效考核，全员做游戏计分，逐步进入成熟期。

6. 成熟期

成熟期要做的是让绩效考核能够逐步改善。要进入成熟期，企业应该运行期结束后，满足以下几项条件：

（1）企业的员工能够真正接受绩效考核，工作积极性提高；

（2）中层经理和管理者对绩效系统的运用也比较娴熟；

（3）上级需要对下属员工有加减分，每个月都要对员工进行 KPI 绩效考核。

经历了这 3 大步骤和 6 个阶段的试练，企业就能够使绩效管理系统逐步迈上一个很好的运行轨道，管理水准发生质的变化，成熟又稳健地健康发展。

视频 28　导入绩效系统的 3 大步骤和 6 个阶段

扫码看视频，手把手教你绩效系统落地操作。

10.2 导入绩效系统的关键

要使导入的绩效系统成功发挥其作用，除了解导入步骤和阶段之外，还要掌握容易出现问题的核心关键。那么，导入绩效系统的关键有哪些问题呢？

10.2.1 导入绩效游戏系统，是一把手工程

某公司老板，平时很少找人力资源部经理商量事情，但某天这位老板找到了人事部经理，说要在公司实施绩效考核。

这家公司一共有四十几位员工，人事部在与员工协商沟通后，得到的结果是，很多员工特别是部门主管不同意现在实施绩效考核。

人力资源部向老板反映了这个情况。

老板还是固执己见要施行。

面对众多反对意见，老板也不愿意出面做工作。于是，人事部硬着头皮推行了绩效考核方案。

3 个月后员工流失了 50%，绩效考核做不下去了，但老板还是觉得没问题，他认为反正人走了人力资源部会再招。

首先，部门主管反对绩效考核，是站在本部门利益出发的，老板所要做的就是亲自出面与各部门主管宣传绩效考核，并安排对主管进行绩效考核方面的培训，而老板却让人事部出面解决，自己躲在幕后，这是不负责

任的。要知道，人事部经理作为部门主管之一，与其他部门主管是平级关系，在权威性和话语权方面，不能服众。

其次，老板几乎在导入绩效考核的各个步骤和阶段中消失了。让人事部负责全面工作，最终导致半数员工因为绩效考核而流失。

因此，导入绩效考核的头一项关键，导入过程中的每一步都需要最高层反复强调、时时追踪，要求决策高层成为绩效管理委员会的主任，统筹安排绩效管理的各方面工作。

10.2.2 各部门主管是绩效管理的核心

企业的各部门主管是绩效管理的主要角色和主要执行者，而人力资源部是支持辅导部门。绩效考核成败的关键是看部门主管是不是执行到位。

部门主管在绩效考核中的核心作用主要体现在以下几方面。

1. 部门主管是标准的制定者。

绩效考核需要公司确定每个岗位的绩效考核指标，需要部门主管与所在部门的员工进行沟通，根据实际情况来最终确定考核指标标准。这样可以避免员工产生抵触情绪，增加公司绩效管理的有效性。

2. 记录者

绩效管理要用事实说话，要求部门主管在日常对员工的表现进行必要的观察和记录，记录员工绩效表现的细节，形成绩效管理的文档，作为年终考核的依据，确保绩效考核有理有据，公平公正。

3. 考核者

真正进入考核阶段时，只有部门主管最清楚员工的表现，所以真正的考核是部门的考核。

4. 建议者

在绩效考核中，部门主管作为建议者的角色是至关重要的。部门经理执行到位与否，很大程度上决定了绩效管理的结果。而绩效面谈是每个部门经理应该掌握的管理技能之一。通过绩效面谈，部门经理可以让员工认识自己的优缺点，明确自己需要努力的方向，需要参加的培训，在公司可能的职业发展机会等。通过部门经理的建议，员工能够有计划地提升自己的能力，最终使公司的业绩得以提升。

此外，还必须把部门主管的绩效考核职责，包含绩效指标和考核操作流程，纳入重要的考核指标中。部门主管职责的 KPI 里必须要增加：

（1）是不是有效执行了公司的绩效管理系统；

（2）是不是按时考核和面谈了下属员工；

（3）是不是每一周都记录了员工的行为表现，及时处理了下属申诉（员工的申诉率也要控制在一定的范围之内）。这些都是导入绩效游戏和绩效考核系统的关键所在。

10.2.3 能不能坚持每周三次或每天一次考核

绩效考核的关键就在于，公司能不能坚持每周三次或每天一次考核。

如果绩效考核遇到下属员工的抵触和反抗，感觉推行考核阻力较大，可以先尝试从游戏计分卡的经验值计分（EXP）开始做，针对日常行为表现的计分进行适当奖励。这样不容易遭到员工的普遍反弹，等到员工适应了计分排行的奖励之后，再推行绩效考核就会比较容易。

10.2.4 抓住推行绩效考核的适当时机

导入绩效考核，时机很重要，例如年底加薪，公司重组改制，组织结构重大调整或企业进行管理变革的关键时间点，把绩效考核系统导入，成为管理变革的一部分。抓住这种变革的时机，可以促成企业的内部管理登上新台阶，提升内部管理的效率。

10.2.5 注意导入过程的点、线、面

导入绩效管理系统的过程需要由点到线、由线到面。

也就是说，试行期可以选择一些利益冲突相对较小的部门开始，最好是有较好管理创新意识的部门作为实验区进行实践探索，有成效之后再推

行到全公司。

管理层级上绩效考核的导入顺序，可以先从高层考核开始，再过渡到部门中层，然后逐步普及到全员绩效考核。

10.2.6 绩效管理系统的全员宣导

绩效管理系统在导入前，需要公司花精力去做舆论动员，部门试行和全部推广的工作需要循序渐进。因此，在推进过程中，需要不断地宣传，在宣传工作卓有成效的基础上进行全面推广。

导入绩效考核，关键其实只有四个字：设置、操作。一方面，我们要设置好正确的人去做正确的事，无论是老板还是部门主管，在绩效考核中，都有他应该在的位置和应该处理的工作；另一方面，在操作中注重业务流程的监控指标，要根据各项业务主要流程，规范管理各个环节的权利与责任关系，对具体的流程实施监控。

视频 29 导入绩效系统的关键

扫码看视频，2 分钟为你总结导入绩效系统的 6 个关键点。

10.3 绩效考核的实施细节

在导入绩效系统的过程中，除了要掌握一些关键问题外，还不应忽略一些细节问题，如绩效考核的打分问题，投诉复核问题等等。这些细节和要点，看似不起眼，但却关乎绩效考核的成败。

导入游戏绩效时，有很多实施绩效考核的细节需要企业注意。

1. 成立部门绩效考核小组

在企业成立绩效考核管理委员会的同时，各部门也应成立绩效考核小组，按照考核周期给员工做绩效计分，减少员工对计分过程是否公正和透明的猜疑。

公司导入绩效管理系统的初期，在成立绩效管理委员会的基础上，每一个部门也要成立绩效考核小组，防止个别部门领导一言堂，或者固执于主观印象和偏见，防止对某些具体的行为了解不够。

通常，部门绩效考核小组由 3 ~ 5 名骨干员工组成，除了部门经理、副经理等管理人员外，还需要挑选一些骨干员工加入部门考核小组。部门考核小组针对员工每个人的工作表现，尤其是参考员工每天的工作计分来做讨论和评议，集体决定员工的绩效评价。

2. 加强绩效考核的反馈面谈和公布上榜

企业通过 GSC 绩效游戏系统进行即时公布和奖励，如红黑榜、明星榜、计分排行榜等“三榜”，以及依据计分排名进行的表彰和奖励，一定要及时公布，并且坚持。

3. 重视绩效考核的员工书面申诉率

如果当期考核的书面申诉率在30%以上，当期考核结果就要进行复议。如果复议后仍按照原考核结果评定，就产生一个问题——如何去安抚和说服这30%多的员工。

首先，人力资源部要与申诉者确定完毕申诉的内容，多听、少说、少主观分析判断；其次，人力资源部将复核结果的原因告诉申诉者，并将申诉的指标找出来，把指标的含义向申诉者解读清楚，将评价标准确认完毕；第三，与考核者进行沟通，先询问考核者对该项指标以及评分的具体操作方式的理解，然后重新拿出考核表格，让考核者对包含申诉者在内的员工进行该项指标的二次评定，比对结果，看是否存在主观因素导致考核评分出现偏差。如果有，就要及时纠正过来；如果没有，要及时对申诉人进行说明。

4. 考核复议如果超过两次，部门领导就要被当场免职

如果复核结果为当期考核无效，需要进行第二次重新考核，二次考核后申诉率仍在30%以上，反复率达到三次，部门领导就要被免职。

按照这种游戏规则进行绩效考核，就让部门主管们不得不在意考核的过程，也增加了他们找员工谈心、做个别交流的频率。在这个过程中，员工的很多想法和问题，都在部门内部解决消化了，这也极大地节省了公司的管理成本。

但另一方面，也有少部分员工常常以申诉为“快乐”，我们把这种员工形象地称之为“刺儿头”，这样的员工给部门领导带来许多困扰。

对待这样的员工，部门经理首先要有容人之心。一个集体，总是要有正反两方面的声音，正面的声音可以提高士气，反面的声音可以让人保持冷静。因此，底线是这种员工的行为不能影响部门内部正常的工作。

对待“刺儿头”员工，第一步，先取得他的好感，比如在他工作中出现困难的时候，主动给予帮助；第二步，进一步加深了解，增进感情；第

三步，与其交心、谈工作，助其成长。在跟他谈心过程中，要先表扬其优点和长处，然后指出其缺点和不足，提出改善的建议，最后对他大加鼓励。这就是我们常用的“三明治”法。

5. 部门和员工的评分等级需要对应奖金系数

绩效考核有了具体的评价分数以后，不能直接拿分数作为系数来乘以奖金得出实际奖金数量，最好是绩效考核的分数对应到相应的等级，来对应相应的奖金系数。奖金系数必须符合“四线五区法”，就是分区域进行适当的奖罚。不分区域或是区域分得太细，都不是正确的做法。

6. 奖金系数 = 部门系数 × 计分系数

这样的算法可以让员工与部门和公司的整体绩效相关联。如果部门的绩效系数是 1.5，个人计分系数是 1.2，那个人奖金系数就是 1.8。这结果既高于部门系数，也高于个人计分系数，因此很有激励性。但要注意的是，如果部门的系数较低，个人奖金系数也会被拉低，所以在薪酬绩效体系里面，考核系数和工资基数应该怎么设立，还需要照顾一下员工的心理感受。大多数员工可以接受才是好的考核方案。

一个企业要想让员工发挥更大的效能，实行良好的绩效考核是一个非常有效的途径。考核的步骤和细节同样重要。导入绩效考核的过程中，应该全面地考虑问题，不能有所偏废，这样才对每一个员工公平、公正。

视频 30　绩效考核实施的细节

扫码看视频，6 分钟为你讲解绩效考核实施的 6 个细节。

10.4 绩效考核的操作要点

绩效考核非一日之功。实践中，有不少曾经认真做过绩效考核的企业，后来都半途而废，变成“走过场”。造成这种局面的原因，是企业还未深谙绩效考核操作的几大要点。

10.4.1 绩效考核操作的四大要点

1. 企业绩效考核的推行需要循序渐进

通常企业绩效考核的推进顺序是先从季度考核入手，逐步过渡到月度考核；考核的职位由高到低，从中高层管理者考核再过渡到基层员工。如果企业的绩效考核系统不够完善，中层经理关于考核方面的概念、方法、技巧、工具都还不是很熟悉，要经过 6 个月的试用期。试用期做季度考核，6 个月后，逐步过渡到月度考核。

2. 绩效考核要以过程计分记录为基础

绩效考核必须以每天、每周的行为计分作为参考和依据，要有加减分的记录和排行榜。如果没有每天和每周针对每位员工的工作加减分记录，那整个绩效考核体系就会失灵，掉入主观评价、凭印象打分的传统陷阱，企业又重复出现了许多常见的绩效考核误区和考核难题。（到目前为止，这也是企业最难解决的管理难题。）

3. 绩效评估的结果分数不得完全相同

很多企业的部门经理喜欢讨好员工，给下属员工的打分很高。规定所有考核的分数，不得有两个员工的分数完全一样，这一点十分必要。可以用小数点区分开。如果一位员工最低分是 85 分，最高分是 86 分，那就用小数点把它区分开来。可以是 85. 5、85. 6，然后 85. 7……，这样就不会有分数完全一样的情况发生。

4. 不同考核等级的人数占比作适当调整

不同等级的人数分布可以根据分公司和部门的绩效等级作调整。通常建议：A 类即重奖的人数比例是 10%，B 类小奖的人数比例为 10% ~20%，C 类不进行奖惩的人数比例在 40% ~50% 之间，可以改进的 D 类比例为 10% ~15%，E 类进行处罚的人数比例要控制在 5% ~10% 之间。这些比例可以根据实际情况作适当调整。

某部门有员工 20 人，最低分为 85 分，最高分为 86 分。计分精确到小数点后两位，按照正态分布图五个等级进行划分，20 人中 A 等的有 2 人，B 等的有 4 人，C 等有 8 人，D 等 4 人，E 等 2 人，考核结果大致符合比例划分。

考核结果和等级需要对应奖金系数，C 等的系数是 100%，D 等 80%，E 等为 40% ~50%，A 等需要重奖，系数为 150% ~200%。

10. 4. 2 绩效等级移位的正态分布

除了以上四大要点之外，在实际操作中，还要根据部门绩效等级移位进行适当的正态分布调整。有些公司规定强制正态分布，每个部门都必须有一个最低等级 E 级。但实际上，各部门都很优秀，E 等级是否一定有存在的必要？问题该如何解决？

这时，可以运用正态移位法，即根据部门的等级进行正态曲线左右移位，满足不同绩效等级的员工数量的平均值，或中位数是部门绩效等级。见图 10 -1 及表 10 -1。

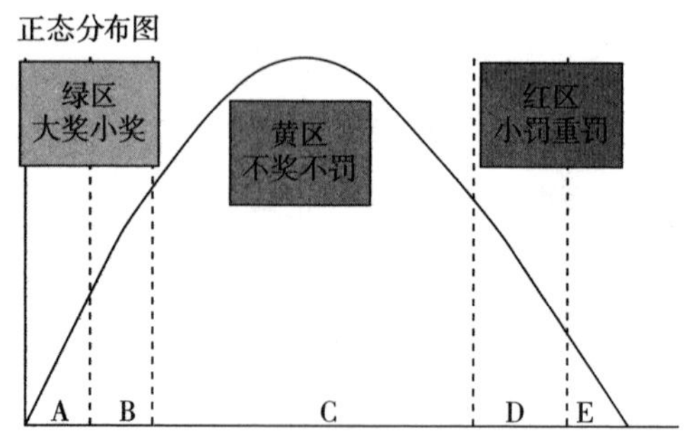

图 10－1　绩效等级正态分布图

例如，某部门考核结果评级为 A，则该部门内的员工评级不一定要有 D 级或者 E 级，甚至可以只评到 B 级。绩效等级 A 级的部门可以按照A＋、A、B 三个等级进行划分，最后部门内员工全都获得奖励。

如果部门绩效等级为 B，那么部门内考核评级只要做到 D 级，因为员工之间的绩效肯定出现了明显的差距。

如果部门绩效等级为 C，该部门就必须要有五个等级的划分。如果部门绩效等级为 D，即本部门都未达到考核标准，那么本部门的绩效最高系数就要从 B 级开始，该部门就不存在 A 级和 B 级的员工，然后按照评级情况，执行严格的奖惩措施。

正态移位法就是根据部门的绩效等级，把坐标作位移，或者缩小正态曲线宽度。企业推行绩效考核最好先从中、高层开始，集团先考核分公司、子公司总经理和部门经理，即总经理室来考核所有的分公司负责人和部门经理。

设分公司考核系数分别为 K1、K2、K3……

部门考核系数为 D1、D2、D3……

员工考核系数 S1、S2、S3……

则该员工的综合绩效系数为：K1×D1×S1……

这里面有一个问题，就是如果优秀员工被分配在了差的部门，如果遵循这种位移正态分布法，对优秀员工是极不公平的，但这就是绩效考核的基本规则。如果出现这种情况，就要考虑将优秀员工调到其他部门，或者给予适当的晋升。

表10－1　正态分布的等级考核法

A	B	C	D	E
90以上	80～89	70～79	60～69	59以下
优秀	良好	一般	较差	很差
一等	二等	三等	四等	五等
绿区（大奖小奖）		黄区（不奖不罚）	红区（小罚重罚）	
10%	10%	60%	15%	5%

正态曲线的移动，是根据分公司、部门和个人的绩效等级做适当的正态移动。在考核的实践中，总是会出现各类的问题，需要我们在实践当中不断地去面对和解决。

视频31　正态分布的等级考核法，企业、部门、个人层层分级

扫码看视频，轻松掌握正态分布的等级考核法。

10.5 建立配套的绩效考核制度

建立了绩效管理和绩效考核体系，企业是否一劳永逸？要让绩效考核持续发挥作用，需要企业在管理上建立一系列与之相配套的制度，只有真正建立起绩效考核制度，企业的努力、员工的付出才有意义，而不是单纯为了考核而考核。

建立企业绩效考核制度方面，企业需要把握一些重点。

1. 把全面绩效管理上升为企业的一项战略

建议企业设立“绩效管理年”，在这一年当中，把绩效管理和绩效考核作为企业的工作重心，作为每个月工作检讨会的重要内容之一。

在考核内容设置时，把绩效考核的执行程度纳入考核的“应时重点”事项。所谓“应时重点”，就是全公司今年主要的经营侧重点是什么工作，它和薪酬利益和绩效系数挂钩，这有助于推动绩效管理的开展和推行。“绩效管理年”重点就是抓绩效管理，抓绩效提升。

2. 制定绩效管理和绩效考核的规章制度

企业要针对绩效考核进行广泛宣传和思想动员工作。很多大公司和集团在推行绩效管理时，由于制度拟定得太仓促就急于推行绩效管理，结果可想而知。这样的现象比较普遍。所以，企业在推行绩效管理前，一定要制定绩效管理和考核的相关制度，要组织主要骨干员工进行反复讨论、反复斟酌，做好充分的宣传推广和动员工作。

3. 完善绩效管理和绩效考核规章制度

企业在考核试点部门3～6个月试行期的基础上，不断加以改进，逐步完善绩效管理的流程和制度体系。以季度或月度为阶段进行定期的检讨和改善活动，通过共同的讨论解决实际问题，防止绩效考核走入常见的误区，确保绩效考核方向正确。

4. 建立绩效管理审计制度

绝大部分企业都有财务审计，企业内的中高层管理干部对下属的绩效考核工作做得如何、到不到位，有没有进行审核？大部分企业没有这个环节。所以绩效考核工作要由绩效管理委员会来定期进行审核。定期审核的频率通常是一年一次，如果考核的问题较大，员工申诉的较多，矛盾激化严重，开始出现一些过激行为，绩效委员会就必须马上介入，进行绩效审核和调解，这样才能够确保中层管理者严格执行考核步骤和考核流程。

5. 建立绩效考核执行效果的监督暗访和督察制度

绩效管理制度需要界定清楚，公开、透明、客观，监督制度的执行需要建立督察小组，领导要经常越级检查，督察小组要定时抽查，安排一些“便衣”督查人员深入基层，走群众路线，倾听最基层员工的声音，掌握一手信息和来自现场的真实声音。

员工对考核有意见，也不一定会进行申诉，因为不想引起上级经理的反感，所以常常选择沉默和忍耐。只有我们深入去调查、倾听，才有可能听得到大家的心声。

6. 严格执行督察制度，加强震慑力，增加执行者犯错误的机会成本。

7. 接受广大员工的监督，实现有奖监督

如果有员工举报、提意见、反映考核的实际问题，一经查明属实，企业高层就要给予奖励。

绩效考核制度的基本要求是：结果有标准，过程有规范，管人有制度，利益有相关，观察有计分，事实有依据。要建立这样的绩效考核制度才有可能保障绩效考核和绩效改善落到实处。

8. 在绩效考核的制度里面，需要兼顾到人性

建立可靠的制度安排就是要想方设法扬弃人性的恶，激发出人性的善，相应地采取奖罚对应的合理设置，严格执行，循序渐进，达到提升整体绩效的结果。

9. 保持制度的权威和严肃性，持续改善，逐渐改善

绩效考核的结果涉及每位员工的切身利益，其敏感性不言而喻。如果绩效制度在某些方面不合理，并且有人指出来，那么这个制度还要不要执行呢？制度不合理需要执行吗？通常的做法，是先执行后改进再补偿。假如制度不合理就不执行的话，那么更多的人会指出更多的不合理之处，制度的权威性就荡然无存了。

如果员工确实不了解制度本身，我们就要对其进行持续的辅导。如果员工知道了制度而故意犯错误，那就按照制度处罚。这样做就保持了制度的权威和严肃性。

10. 政策与制度不同

政策要指明奋斗目标、方向、步骤和措施，如方针、机制等；制度属于比较具体、注重细节、必须执行的行动安排，比较刚性。所有的制度都要真正落到实处，一定要跟奖罚挂钩，奖罚情况需要列出明细。

把宽泛的政策转变为细化的制度，否则只有比较空泛的政策没有落地的制度，员工就无法执行；没有跟有关利益挂钩，没有具体的奖罚措施，这种政策就会形同虚设。

制定科学和专业的绩效管理制度，是避免企业少走弯路，同时也是在目前现状基础上提升企业管理水平、人力效能的最佳方案。

视频 32　企业建立绩效考核制度一定要把握这些要点

扫码看视频，为你解读建立绩效考核制度的 10 个要点。

10.6 提升绩效管理的成效

开出了绩效管理的药方和药单，接下来就要运用绩效管理，发挥它提升企业管理水平和提高员工业绩的作用。绩效管理工作的结果应用是绩效管理工作取得成效的关键，如果对员工的绩效管理机制存在问题，绩效管理就不能取得成效。

10.6.1 运用 GSC 计分卡考核的特点

运用 GSC 游戏计分卡考核有如下特点：

1. 以目标为重点，兼顾整体和全面

GSC 游戏计分卡可以抓住部门和岗位的重点绩效、关键绩效和应时重点，又能够关注到影响绩效的各种因素。

2. 既考察结果，又考察过程

传统的绩效考核只关注工作结果，是以结果为导向，却忽略了好的过程才能达成好的结果。而 GSC 游戏计分卡既能考察员工的工作完成度，又关注了他们工作中的过程和行为，对每天的行为表现和即时反馈予以即时激励。

3. 既突出结果业绩，又考核态度和人品

业绩和结果是比较容易衡量和考核的，但只重视结果和业绩的考核显然是有偏差的，而传统考核人品、道德和态度的方式又多以主观印象进行评定。

GSC 游戏计分卡将二者有效融合在一起，只有通过绩效游戏系统和 GSC 管理模型，通过每天的行为观察计分进行持续累计，这样的考核结果才更接近客观。

4. 既运用简单，又程序较多

针对消费者的计分随处可见，对于企业来讲也不陌生，具体的流程也驾轻就熟。但 GSC 游戏计分卡是应用于企业内部管理以及员工的绩效管理上，准备工作量大，程序多，在执行过程中需要管理者领悟深刻，执行到位。

5. 既有管理理论模型，又有工具软件运用

绩效游戏系统有理论、有工具、有软件，又有成功企业的样板，对企业的实践运用有指导意义。

6. 既有各行各业的普遍适用性，又有企业的独特个性化

GSC 绩效游戏系统既具有针对大多数企业和行业的通用性，又具有大量可以自定义的灵活性，形成个性化的绩效游戏系统。

7. 既关注企业的短期生存，又照顾到战略的长期发展

GSC 能够聚焦企业的长期战略，也关注到每一天员工的行为和每个月的绩效达成，属于长短结合，两头兼顾，能够让企业在正确的方向上持续提升整体绩效。

10.6.2 运用 GSC 提高绩效管理成效

如何通过 GSC 游戏计分卡来提高企业的绩效管理成效呢？

1. 绩效管理的导入和推行必须锁定企业战略

在绩效考核前，考核负责部门必须重新评估年度经营计划，拟定部门年度工作计划，细化到部门职责和员工的岗位职责和 KPI 指标。要厘清目标和职责，与员工签订目标责任书。

2. 建立量化管理和精细化管理的基础

各部门要填写目标卡、月度工作报表，把月度目标绩效达成和利益紧紧挂钩。

（1）月工作计划表；

（2）月目标绩效表；

（3）月追踪改善表。

我们把这三张表称为考核中关键的“月报表”。如果月报表做不好，周记录和每天的观察计分就不能落地，绩效考核就是一纸空文。

3. 确定和有效分解企业的各层级目标

从战略目标到企业的年度经营计划，到部门年度目标和 KPI，一直细化到员工个人的月度目标和每日行为表现。

4. 谨慎模仿外国公司的经验和模式

外资企业的绩效考核大都是一种人事考评模式，通常是一年进行一次或两次。每个部门和员工的月度工作目标、月度工作计划、月度追踪、KPI 达成等这些报表数据都不在人力资源部，人力资源部也没有足够权力去追踪、检查这些绩效。

人力资源经理不负责绩效，这些绩效另有部门经理和主管管理。外资企业有较好的管理基础，管理规范做得很扎实，所以这样类似的人事考评已经形成完整的考核体系，但中国企业由于管理规范和精细化管理不足，因此并不适合外资企业的管理模式。

5. 建立即时公布即时反馈的系统

加强每日晨会、日常会议上的问题管控，并在月底进行总体反馈。改善每日、每周的公布榜，尽量做到奖罚分明、公开透明。

6. 聚焦岗位职责的关键绩效

管理者的核心职责之一就是锁定关键业绩指标，而不是基础业绩和日常任务的过程指标。关键绩效才是绩效管理的有力基础。

7. 针对绩效的观念和概念，企业的全体人员尤其是中高层管理干部，都需要能够准确理解、实践运用、落实到位。

8. 用检测结果代替能力测评

用计分过程来代替能力测评。企业不要去考核员工的态度、人品、责任等不可量化、无法明确界定的项目，一切以绩效考核的评分来评价员工。

GSC绩效管理是企业最根本的基础管理，所以需要规范化和精细化、量化管理的基础，企业的绩效管理才有可能会有一个好的效果。

而在实践中，绩效考核结果能不能有很好的一个运用，能不能跟晋升薪酬挂钩，绩效反馈、诊断改进也十分重要。

视频33　如何运用GSC游戏计分卡提高绩效管理成效

扫码看视频，8招教你提高企业的绩效管理成效。

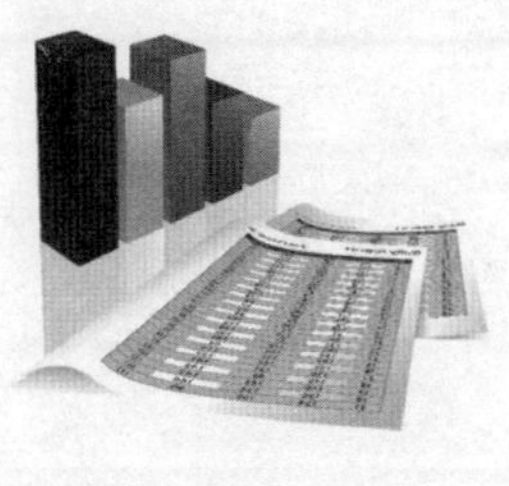

第 11 章
重改进：有效反馈，持续改进

绩效考核体系包括计划制定、过程监督、考核计分和绩效改进 4 大环节。如果仅仅对结果进行考核奖惩，是不能解决企业的绩效问题的。所以，企业在引入绩效管理的时候，要紧紧抓住绩效改进这个重要环节，千万不要让考核沦为束缚员工的工具。

11.1 老板知反馈，员工易改进

很多企业在进行绩效考核过程中都会遇到这样的现象：对于绩效考核，员工听不懂，听懂了又不按照规定去做，做了又容易出错，做错又不知怎样改进，不知道改进又不向上反映。

面对这样的现象，我们应该怎么办？

答案很简单，那就是有效沟通，及时反馈。

11.1.1 什么是反馈

日常工作中的反馈主要指的是信息的反馈。反馈是为了及时发现工作中的偏差和问题，并对内部进行有效控制。

如果在内部执行中，出现了偏差或拖延迟滞现象，在造成较大失误之后才发现，就会给工作带来损失。

11.1.2 反馈的作用

遇到困难就停滞不前，受到挫折就一蹶不振，这样的员工让企业非常头疼。颁布的制度规划科学、周密，但却得不到有效执行，是很多企业管理者最难解决的问题，也是管理中最棘手的问题。那么，如何解决这一问题呢？最好的办法就是双方把存在的问题挖出来，摆上桌面，共同解决。通过双方的沟通使问题简单化、明朗化，见图 11－1。

沟通能使复杂的问题简单化。遇到问题不要回避，更不要隐瞒。

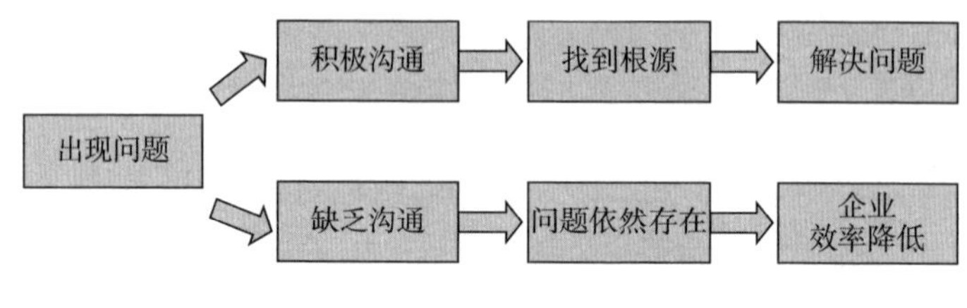

图 11－1　沟通反馈的作用

某知名酒店曾发生这样一件事——

一位经理能力出众，但却经常马虎，使得酒店制定的计划无法按照预期完成。老板发现这一问题后，感到很为难，该如何做才能让这位经理改进他的工作呢？如果对他进行批评教育，会不会伤了他的自尊？

几经考虑，老板还是决定找这位经理谈谈。

老板把经理叫到办公室。经理一进门，老板立刻起身，迎上去握住对方的手，并让对方坐在自己的位置上。经理紧张了。

老板坐在他对面，向他解释叫他来的原因，并询问他工作上是不是有什么困难。原来，这位经理对酒店某位高管的工作方式有意见，而这些意见长时间得不到解决。这样一来，怨气就积压在心头，而他又不能越级反映情况。由此，使得他一直不在状态，工作出现失误。通过与这位经理的沟通，老板了解到问题的根源，于是马上指示那位高管，平时要多与这位经理沟通。之后，两个人之间有了了解，这位经理心中的怨气也自然化解了。

酒店的老板及时注意到这位经理工作中的异常，经过与经理的沟通与反馈，发现了问题根源，从而有效地制止了一场不必要的麻烦。

没有反馈，很多问题的本质就会被隐藏起来，从而使得原本简单的问题变得扑朔迷离。所以，聪明的老板都懂得主动与下属沟通，及时得到反馈，从而发现隐藏在背后的问题根源。

11.1.3　老板常对员工说的五句话

老板要鼓励员工在工作方面多进行信息反馈，主要体现在沟通谈话的技巧上，适当的谈话技巧能使员工减轻压力和心理负担，从而使沟通更有效。因此，我们建议在与职工进行沟通反馈时，老板要常对员工说五句话。

1. “你的问题很好，能够解决更好。”

这句话证明，老板是在鼓励员工多反馈问题，并能够自己主动解决问题。

老板真正希望的是员工在反馈问题前，首先尝试自己解决问题，然后再告知结果。老板要创造一种勇于授权的工作氛围，为员工自己解决问题创造一定的空间。

员工的工作出现错误和偏差时，管理者要及时给出反馈和指导，而不是首先斥责他们。所以，这句话领导应当经常说，这是表扬员工的一种好的方式，也有助于更加了解他们工作的情况。

2. “你以后要多提醒我。”

这句话是老板鼓励员工能够多提醒自己避免忘记重要的工作。让员工来提醒老板，这同时也可以让员工有成就感。因此，“你以后要多提醒我，不要让我忘记这件事！”是一句要常挂在嘴边的话。

3. “对不起，我错了。”

人人都会犯错，领导者也不例外。犯错并不可怕，可怕的是不敢承认错误，甚至文过饰非。这样的领导不仅得不到员工的认可，同时还会给企业造成不良的工作氛围。

敢于担当的领导，一定要勇于说出这句话——“对不起，我错了。”这对员工是一面很好的镜子，比照老板的坦诚，员工也会努力找出自己的错误和不足，这更有利于团队问题的解决。

4. “大家如果对我有不满意的地方，请一定对我说。”

作为领导，不可能让所有人都满意，总有处理不妥的时候。因此，“大家如果对我有不满意的地方，请一定对我说”，这句话可以表明领导的工作态度，容易赢得员工的信服。

5. “谢谢你。”

这是职场中最常用到的礼貌用语，但让老板对员工说这句话，却不容易。当然，像年会、员工大会这样的场合，老板的讲演稿中也会出现各种感谢，但在单独沟通反馈问题时，员工很少听到老板会说“谢谢”二字。因此，在反馈工作中，老板一定要对员工在工作中的付出表示感谢。

反馈的重点在于找到问题的关键，以问题的关键点为基准，深入挖掘问题的根源。只有带着问题的反馈，才能解决问题，否则，反馈就是一场表演，纵然好看，但无法达到真正的效果。

11.2 认真诊断问题，找出员工不足

导入绩效考核后，员工考核结果并不理想。这种情况企业该如何处理？很多人会说那就按照考核制度处理吧——该扣工资就扣工资，该辞退就辞退。单纯以考核结果作为奖惩手段，不仅耗费了前期筹备时所付出的时间和精力，也会影响员工队伍的稳定。

绩效改进的目的就在于帮助员工改善绩效，提高能力。因此，在出现问题后，企业首先应该做的不是惩罚，而是进行绩效诊断，找出问题的症结。

11.2.1 绩效诊断的背景：公司日常运营所面临的挑战

企业在绩效考核过程中，难免会遇到问题和挑战。管理层要妥善解决问题，适时纠正企业这艘航船的方向。

企业绩效考核问题的来源主要有两个。

（1）企业的目标是否达成；

（2）企业的目的与市场环境是否匹配。

“目标”和“目的”不断为企业的经营状况提供反馈——是否在正确的航向上。

当企业目标未达成，目的与之前的设定相违背，就需要绩效诊断来发现和诊断问题，及时予以纠偏，以便为企业的健康存续提供支持。

11.2.2 绩效诊断是什么

某汽车4S店，在周末售后服务的高峰期发生了严重的拥堵现象。4S店旁边的行车通道拥挤不堪，售后人员为了引导车辆停车，耗费大量时间。而车辆送修的专人引导和手续及单据处理的过程，也就滞后了。车越挤越多，队越排越长，造成工作效率下降。

售后服务高峰期车辆拥堵的局面，占用了员工大量的时间，恶化了客户体验，并且存在极大的安全风险。

企业需要针对该问题，进行绩效诊断，以促进业绩的提升。

绩效诊断，指的就是通过找出诱发绩效问题的原因，使工作流程、团队和个人现实绩效和期望绩效更为准确，并形成绩效改进措施。

11.2.3 绩效诊断的基本流程

绩效诊断首先需要深入问题的本质，寻找到问题的核心，然后对症下药，并在解决过程中，不断得到实践的反馈，进行适时的方案调整。

绩效诊断的第一步就是要确定目标，需要完成以下4个步骤。

步骤1. 确定初始目标

（1）确定绩效问题的征兆。

最初发现绩效问题的，一定是普通员工，问题的产生会影响员工的日常工作行为，而问题的发生往往是由于某个关键事件、某个人或某种外部条件的变化。

（2）确定绩效问题的类型。

绩效问题的类型可分为三种。

A. 当前的绩效问题；

B. 当前绩效的改进问题；

C. 将来可能发生的绩效问题。

将绩效问题归纳为这三种类型，有助于企业分解多重绩效问题，明确其程度大小。

（3）确定绩效目标的层次。

绩效目标的层次依次为（图11－2）：

A. 组织绩效，即全公司的总体绩效；

B. 流程绩效，通过严谨的工作流程，或简化、或增加其中的步骤，来助力绩效的提高；

C. 团队绩效，团队人员职责更加清晰，沟通顺畅，减少临时沟通；

D. 个人绩效：专人专岗的前提下，提升业务水平，并做好流程衔接。

绩效目标的层次

组织绩效	强调组织与市场，以及组织各要素功能间的关系
流程绩效	超越组织结构图的职能边界是来审视工作流程是如何完成的，须确认： ·这个流程是否按照满足顾客的需要求来设计的 ·流程运行是否有效 ·流程目标及其衡量是否由顾客和组织的需要所驱动
团队绩效	工作职能上相互依赖，并拥有目标的一群员工；这些员工围绕该组织的流程或职能组织起来，团队成员具有某些可变换的重叠的责任
个人绩效	由承担各不同工作的个人所操作和管理的工作过程

图11－2　绩效目标和层次

步骤2. 评估绩效变量

绩效变量指的是能够影响绩效的因素，如使命目标、系统设计、产能、激励、专业技能。

为绩效变量做出评估，需要对贯穿4个绩效层面做考察。

（1）工作目标。

生产部门为了完成产品的合格率，花费了大量时间，导致规定时间内没有发货，造成了客户的等待。同时，部门主管为了确定生产完成时间，需要不停地向一线生产员工确认，从而导致部门主管处理其他工作的时间减少。这也突出了工作目标这个业绩变量所出现的瓶颈。

（2）流程设计。

主要考察工作流程是否混乱，是否存在互相推诿的事情。

(3) 产能。

考察公司生产效率、产量、生产人数的变化。

(4) 激励。

对人员效率的考核标准不明确，缺乏有效激励。

步骤 3. 细化绩效考评

明确绩效衡量，需要确定组织、流程、团队及个人四个层次相应的绩效产出单位。具体内容包括：时间、数量、质量和成本。

步骤 4. 确定绩效需求

绩效需求按照“五步走”战略，可以划分为理解、操作、排障、改进、创新。

组织层面，增强对市场需求、服务竞争优势的理解，并做出改进。

流程层面需求，为影响员工工作的问题流程，进行排障、改进。

团队需求，理解不同岗位的职责分工，为团队整体绩效、内部沟通进行排障和改进。

个人层面，理解各岗位所应掌握的流程职责，新增人员理解掌握专门知识技能，完成操作流程。

作为管理者，如果要掌握绩效诊断的本领，就要多与部门和一线员工交流。对于业务，在不同的环境，不同的市场，不同的人去执行的情况下，只有多分析、多反思，才能客观地分析出问题的关键，才能正确地处理和解决问题。

11.3 以结果定改进，以改进定绩效

绩效改进，是确认工作绩效的不足和差距，查明产生的原因，制订并实施有针对性的改进计划和策略。作为绩效考核的最后阶段，它是连接绩效考核和下一循环计划目标制定的关键环节。绩效改进要遵循一定的步骤和策略，一般分为分析绩效差距、查明原因、实施改进三个步骤。

11.3.1 绩效到底差在哪儿

在对部门和员工进行绩效考核后，我们面对的是一系列的表格和数据，那么，哪些数据值得我们关注，哪些数据是绩效改进的依据呢？

哪些绩效数据跟当初制定的绩效目标产生了差距？找出这些数据，才能找到问题的关键，才能够进一步为绩效改进提供根据。

找到绩效差距后，就要对其进行仔细分析。常用的分析绩效差距的方法有以下几种。

1. 目标比较法

目标比较法就是将考核期内员工的实际工作表现与绩效计划的目标进行对比，寻找工作绩效差距和不足的方法。例如某公司 5 月的销售目标是 500000 元，但当月的绩效目标只完成了 50%。通过目标比较法，分析这些差距是由于计划偏差，还是人员在执行过程中出现拖沓，抑或一些外部因

素影响导致。

2. 历年同期比较法（同比）

比如去年 5 月份销售额是 500000 元，今年 5 月却只有 400000 元，说明今年同期与去年同期有差距。历年同期比较法主要解决那些岗位或者受时间、季节影响等因素无法很好地进行比较的问题。

3. 横向比较法

横向比较法是员工之间的比较，例如公司同部门、同职位的人相比较，谁做得好，谁做得差，他们之间的差距在哪里。公司业绩最好的销售员，一个月能销售 200000 元，而比较差的每月只能销售 100000 元，这中间的差距证明，销售量差的销售员还有很大的改进空间。横向比较法直接考察员工个人的能力、素质等因素，因为每个员工面对的是同样的外部环境，做的是相同的工作。

4. 行业比较法

市场上同行业平均销售额是 300000 元，但自己却只有 250000 元，这说明自己的销售额与市场有差距。行业比较法更适合于企业、部门或者组织。通过行业比较法，可以让企业更好地分析绩效上存在的问题，明确改进的方向。

11.7.2 问题出在哪儿

绩效差距产生的原因很多，可以分为个体原因和企业原因。

员工个体原因包括：性别、年龄、智力、能力、经验、阅历（个人客观原因）；个性、态度、兴趣、动机、价值观、认识论（个人主观原因）。

企业原因包括：外部资源、市场、客户、对手、机遇、挑战（外部原因）；内部资源、组织、文化、人力资源制度（内部原因）。

针对员工个人原因，企业要着重注意以下几个方面。

（1）目标设置不合理；

（2）缺乏激励；

（3）人岗不匹配；

（4）人员能力欠缺。

如果是公司的运转出了问题，许多岗位都出现绩效下降的情况，那就必须诊断公司的组织运行情况。具体而言，可能有以下几个方面的原因。

（1）公司的组织结构。机构设置过多，影响组织决策的效率，影响组织的整体绩效。

（2）公司的流程制度。有的公司流程繁杂、混乱，而有的公司缺少关键流程，必定影响工作的推进和开展，绩效考核也一定会出现问题。

（3）岗位职责的设定。如果企业岗位职责不清，目标不明，有可能会出职责缺失、职责重叠的现象，员工为了完成考核，很可能互相推诿，破坏企业内的人际关系。

（4）部门之间的配合机制。部门之间缺乏配合，各扫门前雪，甚至互相掣肘，扰乱生产流程，会极大地影响企业的工作效率。

企业进行绩效改进，首先要清楚绩效差距出在哪儿，问题的根源出在哪儿，为下一步利用考核工具，制定改进方案提出重要依据。

11.4 结合考核工具，制定改进方案

经过认真分析和对绩效问题的诊断，我们明确存在的绩效问题，制定绩效改进目标之后，就应该想办法去实施。而绩效改进的方法从哪里来呢？最直接、最简单的方法就是综合考核指标，根据公司或部门的实际情况去提取。

11.4.1 绩效改进应从 KPI 做起

目前，很多企业为提高运营效率，高层都十分重视绩效考核工作，希望随着绩效管理的规范化和制度化，能够促进企业的转型，提高员工的工作热情和工作业绩。

但是，随着时间的推移，大多数企业在绩效考核的执行上出现了很多问题，比较突出的有以下几个。

（1）职权不清晰，越权指挥现象严重；

（2）工作重点不突出，很多事务性工作占用了高管大量时间；

（3）公司流程管理不顺畅，工作责任界定不明确，部门之间、岗位之间互相推诿；

（4）计划性不强，高管必须处理许多临时性工作，严重影响工作效率。

在对问题进行深入分析后发现，工作之间的相互推诿并不是由于员工

的态度问题，而是很多工作分工不明晰、部门职能重复所致。职责不清就无法制定合理的工作目标和考核指标，造成工作重点不明确，直接影响到公司的整体绩效。

因此，有效的方法还是基于平衡计分卡的关键绩效 KPI。

绩效考核实施前，各部门都要提取指标，然后通过会议讨论确认。为了能更好地指导各部门提取指标，考核筹备团队要从价值链的角度和部门职能的角度认真分析每一个管理环节，通过集体讨论提取一套完整的关键业绩指标。

11.4.2 树立标杆法和六西格玛改进法

绩效管理是一个循环的过程，绩效改进作为最后一个流程，也是一个新循环的开始，因此所用方法与考评环节的方法都是殊途同归，只不过所处的阶段不同，发挥的作用也有所不同。

从这个角度来看，在制定绩效改进方法时，完全可以采用已经介绍的考核技巧，诸如关键 KPI 和基础 CPI 的结合，BSC 平衡计分卡，GSC 游戏计分卡，正态分布法，要素评价法，目标管理法，等等。

这些方法与绩效考核环节所用的方法是一致的。除此之外，这里还要向大家介绍两个业内公认的工具：树立标杆法和六西格玛改进法。

1. 树立标杆

树立标杆，是与其他成功企业的行为进行对比分析后，得出一个可参考借鉴的结果，对照别人的先进经验，根据自己的实际情况进行变革，使之变成更好的一个系统过程。

这种方法由美国施乐公司首创，于 20 世纪 70 年代末开始在西方企业实践。树立标杆由标杆和改进两个基本阶段构成。这两个阶段又可以具体细化为 5 个步骤。

（1）确定对比领域或对象；

（2）选择标杆的榜样；

（3）明确自身的现状；

（4）明确榜样最优；

（5）确定并实施改进方案。

2. 六西格玛改进法

西格玛（σ）是统计员常用的希腊字母，指的是指标差距。六西格玛管理方法由摩托罗拉公司发明，它用来描述在实现质量改进时的目标和过程。

为达到六西格玛的改进要求，需要一组专门的质量改进方法和统计工具，将这些方法和工具交给一个团队。这个团队的人都被称为“黑带西格玛”。黑带证明他们都是企业内部的高手。他们全职负责定义、测量、分析、改进和控制过程质量。黑带领导跨职能的员工团队（每个人称为六西格玛绿带）来实现过程质量的突破。

六西格玛改进法真正流行并发展，是在通用电气的实践，杰克·韦尔奇提炼了其中流程管理技巧的精华和最有效的方法，成为一种提高企业业绩的管理模式。该管理法在摩托罗拉、通用电气、戴尔、惠普、西门子、索尼、东芝等众多跨国企业的实践证明是卓有成效的。国内一些机构力推六西格玛管理工作，引导企业开展六西格玛管理。

六西格玛改进法旨在改善企业质量流程管理的技术，以“零缺陷”的完美操作带动企业成本的降低，实现企业竞争力的突破。其管理思想是以数据为基础，通过数据揭示问题，把揭示的问题引入统计概念中去，再运用统计方法提出解决问题的方案。

从概念中可以看出，其核心是建立变量的数学模型。这种管理原本运用在产品质量测量和流程改进两个方面，如今在绩效管理中运用也极为广泛。它具体通过对输入数据的分析，来改善输出变量的特性。其具体流程是按“定义、度量、分析、改进、控制”5个步骤，应用数理统计来衡量价值流的每一过程和工序，并达到加以改进和完善，取得理想结果的目的。

KPI、树立标杆、六西格玛都是企业绩效改进主要的工具，三者各有优势，企业在运用时结合各方面的情况综合考虑分析，制定正确的改进策略。

11.5 提供全方位帮助，增强员工信心

绩效改进的对象是人，核心是员工，从制定到执行，都需要员工行动起来。因此，改进的效果如何，关键要看员工的信心和决心。所以，企业应该向员工提供全方位的帮助，帮助他们克服困难，建立自信，拥有正视问题的勇气和完成考核的能力。

11.5.1 管理者应该提供哪些帮助

一份完整的绩效改进计划，需要中高层领导和员工共同来完成。管理者要向员工提供必要的帮助。在执行的过程中，管理者对员工的帮助必须是全方位的，这主要体现在以下 5 大方面。

1. 帮助员工进行岗位分析

针对考核目标对员工的岗位职责，明确所应达到的目标、工作内容、性质，以及完成这些工作所需的工作条件等，进行充分的研究和分析，从而让被考核者在该岗位工作上采取正确的工作方式。

2. 帮助员工进行工作流程分析

绩效考核必须在流程中去把握，一般是根据被考核对象在流程中所扮演的角色，承担的责任，以及同其他环节之间的关系，综合确定采用什么考核方法，使用什么衡量指标。为了获得更好的考核效果，管理者需要帮助员工进行工作流程的梳理，必要时对流程进行优化或重组。

3. 帮助员工完善绩效计划内容

帮助员工制订出一份切实可行的绩效改进计划，是绩效面谈成功的重要标志。

4. 修订计划

为了指标更趋合理，需要对确定的指标进行修订，修订方式一般分为两种。一种为考核前修订，即通过专门人员的实地调查，将所确定的指标提交领导、专家，或者咨询顾问审核，征求其意见，进行必要的修改、补充和完善。另一种为考核后修订，是根据考核及考核结果应用之后的效果等情况进行修订，以便使考核指标体系更加完美和完善。

5. 帮助员工提高效率

员工与主管人员根据未来的工作目标的要求，在工作能力、方法或工作习惯有待改进的方面，选取员工目前最为迫切需要改进且易改进的方面，作为个人未来一定时期内发展的项目。

11.5.2 保证绩效改进顺利进行的额外支持

要想真正落实和执行绩效改进计划，需要进行额外支持，例如，要让员工得到足够的培训机会、良好的工作环境、完善的软硬件设备的配备等。

主管人员在辅助员工绩效改进工作时，要统筹安排，尽量为员工绩效的改进提供便利，创造良好的条件。为保证绩效计划的顺利进行，主管人员要将有待完善的地方一一列出，并提供一切可以提供的资源，按照改进计划去执行。

德邦物流是一家大型综合物流公司，业务遍及全国，在一些小城市的街区，一个德邦物流的网点最多也就十人左右。但你会发现，很多网点的主管，刚加入德邦不过两三年，而且年龄普遍都在30岁左右。中层管理如此年轻化，完全得益于公司完善的绩效机制。

针对基层员工业绩差的问题，德邦物流管理层意识到工作技能是提高业绩的关键，但要提高技能，必须先开展技能培训。德邦的培训中心每年都会进行一系列的培训，年度、季度、月度培训，以及其他日常培训。

为确保执行，培训计划被写进了公司《人员培训制度》，明确规定：培训中心由总部经理监督，各部分责任人直接负责。培训的结果要经过培训中心审核、汇总，同时制订更详细、更高级别培训计划，报总经理审批后执行。在培训中心的大力支持下，德邦的很多实用的培训计划出炉，员工的业绩也得到了稳步提高。同时，公司的培训工作也逐步规范化、制度化。

德邦的案例说明，实施绩效改进计划，不仅仅是员工的事情，主动权仍掌握在管理者手上。在员工执行过程中，相关领导、责任人要最大限度地提供便利条件，进行必要辅导，这既是对员工利益的一种保护，也是企业发展的需要。

那么，绩效考核的主管人员或管理者应该在什么时候为员工提供必要的帮助呢？在以下两种情况下，主管应对员工提供帮助。

1. 工作环境问题

工作环境是指直接或间接地影响员工工作绩效的各种潜在的外部力量的总和，包括有形的、无形的、内部的、社会的等等。

工作绩效与工作环境相辅相成、相互促进，环境好，绩效未必好，但环境差，绩效一定差。因此，当工作环境不利于员工的绩效改善时，就要尽快优化环境，使之符合工作的要求。

2. 绩效标准不明确，考核标准不明确

在绩效考核标准不明确，或者出现偏差的情况下，最直接的影响就是员工的工作效率下降。当发现很多员工在工作中接连不断出现问题，主管人员就应该考虑是不是指标出现了问题。

11.6 做好面谈准备，提升面谈效果

有很多企业的中层管理者，抑或是高管，一谈到绩效面谈就头痛。他们虽然知道很多绩效沟通时应该遵循的原则和手段，但是到实践中，却又无从下手。其实，绩效面谈存在很多技巧，只有面谈工作做好了，才能起到作用，改善绩效。

11.6.1 什么是绩效面谈

绩效面谈就是绩效考核负责人与被考核人之间，通过沟通和确认，找出工作中的优势及不足，并制定相应的改进方案的一种交流手段。根据工作的进展程度，绩效面谈可以分三类，即初期的绩效计划面谈，中期的绩效指导面谈，末期的绩效考评总结面谈（图11－3）。

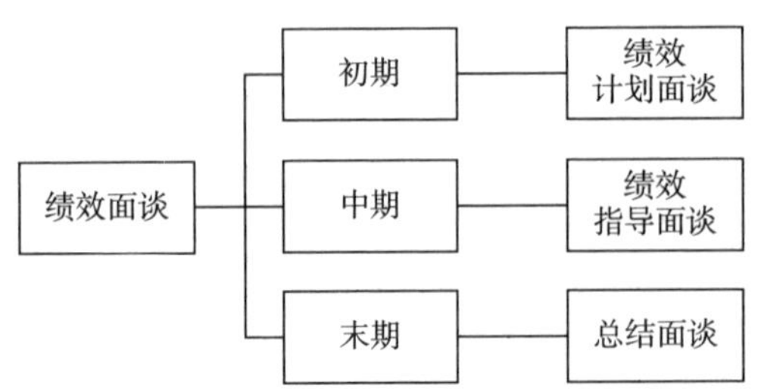

图11－3 绩效面谈

绩效面谈是绩效管理中考核员工的一个非常重要的环节。在整个考核

期，考核者和被考核者的“面对面沟通”是不可或缺的，而且应该自始至终贯穿整个制定、考核和反馈改进的过程。

按照正常的程序，在绩效考评期间，绩效面谈至少每周要进行一次，大体与考核周期一致。只有通过面谈当中的信息传递，管理者才能对企业制定的目标实现情况及时进行了解，从而把了解到的新信息、新动态源源不断地反馈给人力资源部门。

但在具体实施过程中，很多老板都把面谈当成一种形式。

11.6.2 面谈因何失败

人物：王总（某部门主管）

小刘（某部门员工）

王总：小刘，有时间吗？

小刘：什么事儿，王总？

王总：想和你谈谈，关于你年终绩效的事情。

小刘：现在？要多长时间？

王总：……就一小会儿，我 9 点还有个重要的会议。你也知道，年终大家都忙，我也不想浪费时间。可是 HR 规定必须要谈一谈。

小刘：没关系的，王总。

王总：那我们就开始吧。

王总：小刘，今年你的业绩总体来说还可以，但和其他同事比起来还差了很多……

小刘：王总，我认为我做得不错呀，年初定的任务我都完成了呀，另外我还帮助其他的同事做了很多的工作……

王总：年初是年初，公司现在的发展速度，在半年前部门就接到新的市场任务，我也对大家做了宣布的，结果到了年底，我们的新任务还差很多没完成，我的压力也很重啊！

小刘：可是你也并没有因此调整我们的目标啊！

秘书直接走进来说：王总，大家都在会议室里等你呢！

王总：好了好了，小刘，写目标计划什么的都是 HR 部门要求的，他们哪里懂公司的业务！现在我们都是计划赶不上变化。大家都不容易，明年你要好好干！好了，我现在很忙，下次我们再聊。

小刘：可是去年年底评估的时候……

王总没有理会小刘，匆匆走出自己的办公室。

上面的案例显然是一次失败的绩效面谈。为什么绩效面谈失败了呢？

第一，管理者不重视绩效考评。

一句“我也不想浪费时间，可是 HR 规定必须要谈一谈”，透露出案例中的主管执行企业战略的勉强。由于管理者对绩效考核不重视，发挥不了绩效管理的作用，以致让绩效面谈仓促结束。

第二，管理者没有做好充足的准备。

在绩效面谈之前，管理者应该做好如下准备：

（1）确定好面谈时间；一般要提前 3 天通知员工。

（2）选择好面谈场所：场所一般设在小型会议室或接待室。

（3）准备好面谈资料；提前准备有关考核的计划表、绩效表、改善表、积分排行等资料，这样面谈时有针对性。

（4）拟定好面谈程序：计划好如何开始、如何结束，面谈过程中先谈什么、后谈什么，以及各阶段的时间分配。

第三，缺乏绩效改进建议。

王总只是一味地对小刘进行提醒，却没有进一步提出绩效改进的建议。而很显然，小刘并没有被说服。

第四，缺乏激励。

小刘在工作上如果有值得夸奖的地方，管理者就要正面鼓励。而王总并没有这么做，这必定引起小刘的不满。

第五，没有达成一致意见。

王总指出小刘业绩比其他同事差了很多，小刘不接受，王总却不了了之。双方没有达成一致意见，因此这是一次失败的绩效面谈。

11.6.3 如何进行有效的绩效面谈

绩效面谈谈得好，会获得下属的认可，绩效就会得到提升；面谈谈得差，下属就会有怨气，影响工作，影响团队情绪。一次成功的绩效面谈，包括面谈前的充分准备、面谈内容的设计和运用得当的面谈策略。掌握适当的面谈技巧能让面谈事半功倍（表11－1）。

表11－1 绩效面谈流程和注意事项

环节	细节要求	注意事项	技巧提示
开场	创造和寻求舒适的、开放的气氛，使被面谈者心情放松，保障自由轻松地交流	预先安排，因人而异，在整个面谈过程中需要不断分析与调整面谈的氛围	切入主题的技巧
	【参考话术】 我们做这次绩效面谈主要目的是回顾上阶段的工作，看看我们后面可以有哪些改进。我们这次面谈是基于个人发展，所以希望我们的面谈过程是坦诚的、轻松的		
上期考核回顾	完成和能力素质提高情况 简要汇报评估周期的工作，并对自己评估的结果和依据进行说明	上级要注意倾听，对不清楚之处及时发问，但不做任何评价	聆听的技巧
	【参考话术】 1. 这个工作没有完成，还有其他原因吗？ 2. 你觉得哪些方面需要特别注意？ 3. 你是基于什么做出这样的判断的？ 4. 你的提高和改进给你的工作带来了哪些帮助？ ……		
上期改进与发展计划	①基于原计划的完成情况及存在的问题，确定针对性改进计划 ②改进计划需要结合公司与部门发展计划 ③结合工作计划陈述个人成长计划	①注重与新计划的关联性 ②注重计划的可执行性，明确时间节点、操作方式、成果要求	实操、SMART、目标管理、过程控制

续表

<table>
<tr><th>环节</th><th>细节要求</th><th>注意事项</th><th>技巧提示</th></tr>
<tr><td></td><td colspan="3">【参考话术】
1. 上个月你采取的哪些措施保障了你很好地完成计划？/上个月的哪些工作方式是需要继续保持的？
2. 还有呢？
3. 你对自己未来发展的定位是怎样的？
除此之外，我还有一些建议给你……</td></tr>
<tr><td rowspan="2">上期绩效评价与发展建议</td><td>①业绩评价：指出成绩和不足
②能力评价：指出优势和劣势
③给予发展建议
④讨论所需资源支持</td><td>①根据事先设定的目标衡量标准进行评价
②成绩和不足方面要呈现事实依据，先说成绩再说不足，不足尤其需要提出事例
③不要给予不切实际的承诺</td><td>①评价的技巧
②肢体表达的技巧</td></tr>
<tr><td colspan="3">【参考话术】
1. 感谢你上个月的辛苦工作，我也留意到你的进步和表现出来的优点。
2. 你完成的比较好的是……
3. 这项工作完成得非常好，超出了我的预期……
4. 我们需要承认一个事实，那就是资源永远是有限的，我们需要发挥主观能动性，以有限的资源做出更多的成绩。
……</td></tr>
<tr><td rowspan="2">结束
（确认评估结果）</td><td>整理面谈记录或填写《绩效面谈记录》并备案
双方签字确认</td><td>给员工鼓励，表达谢意</td><td>结束的技巧和面谈效果评估的技巧</td></tr>
<tr><td colspan="3">【参考话术】
1. 我对本次面谈做了记录，我们签个字吧。
2. 你的月度考评表已经填完，我们签个字吧。
……</td></tr>
<tr><td>面谈后</td><td colspan="3">【结束语】
你对这次面谈还有什么想说的？
对下属提出后期积极变化的期望
【绩效面谈后的跟踪】
注意辅导对象的变化
对积极变化及时肯定
在下一次面谈时反馈下属的改进与不足</td></tr>
</table>

绩效面谈的结束并不意味着工作的结束，管理者还要对面谈所产生的效果进行跟踪处理。特别需要指强调的是，一定要提出反馈意见和指导，寻找合适的时机与员工进行沟通；要求员工在考核表上填写个人反馈意见并签名。